国外现代政治经济学经典译丛
程恩富 主编

《资本论》要义

UNDERSTANDING CAPITAL

[美] 邓肯·K.弗利◎著（Duncan K. Foley）
赵英杰◎译
崔 云◎校

中国社会科学出版社

图字：01-2022-6173

图书在版编目(CIP)数据

《资本论》要义 / （美）邓肯·K. 弗利（DuncanK. Foley）著；赵英杰译. -- 北京：中国社会科学出版社，2025.1. --（国外现代政治经济学经典译丛）. -- ISBN 978-7-5227-3214-5

Ⅰ. A811.23

中国国家版本馆 CIP 数据核字第 2024AC3654 号

UNDERSTANDING CAPITAL: Marx's Economic Theory
by Duncan K. Foley
Copyright@ 1986 by the President and Fellows of Harvard College
Published by arrangement with Harvard University Press
through Bardon-Chinese Media Agency
Simplified Chinese translation copyright@ 2025
by China Social Sciences Press
ALL RIGHTS RESERVED

出 版 人	赵剑英
责任编辑	赵　丽
责任校对	王佳玉
责任印制	郝美娜

出　　版	中国社会科学出版社
社　　址	北京鼓楼西大街甲 158 号
邮　　编	100720
网　　址	http://www.csspw.cn
发 行 部	010-84083685
门 市 部	010-84029450
经　　销	新华书店及其他书店
印　　刷	北京明恒达印务有限公司
装　　订	廊坊市广阳区广增装订厂
版　　次	2025 年 1 月第 1 版
印　　次	2025 年 1 月第 1 次印刷
开　　本	710×1000　1/16
印　　张	10.5
插　　页	2
字　　数	172 千字
定　　价	69.00 元

凡购买中国社会科学出版社图书，如有质量问题请与本社营销中心联系调换
电话：010-84083683
版权所有　侵权必究

国外现代政治经济学经典译丛
编辑委员会名单

主　　　编　程恩富

副 主 编　彭五堂　丁晓钦

编委会成员（按姓氏拼音排序）：

陈张良　崔　云　丁晓钦　侯为民　胡乐明
胡永红　黄纪苏　金吾伦　雷玉琼　彭五堂
孙业霞　谭扬芳　田　文　童　珊　王荣花
邬璟璟　徐则荣　余　斌　张　衔　张建刚
赵　丽　赵英杰

总　　序

政治经济学作为一门研究社会生产关系，揭示人类经济活动和经济发展客观规律和运行机制的科学，需要随着人类社会经济活动的演化而不断发展创新。科学地与时俱进是政治经济学的内在品质和根本要求，也是它具有非凡的认知解释力、实践改造力和持久生命力的根本之所在。

中华人民共和国成立和改革开放以来，中国的经济发展取得了举世瞩目的伟大成就，经济社会结构也发生了翻天覆地的变化。这一切都对中国政治经济学的发展创新和现代化提出了强烈的现实要求。中国政治经济学的现代化应当坚持"马学为体、西学为用、国学为根、世情为鉴、国情为据、综合创新"的学术原则，在国际化、应用化、数学化和学派化这四个学术方向上持久地开拓创新。这不仅要求我们牢牢扎根于中国经济改革和发展的现实，从丰富的经济实践活动中探寻经济规律，提炼经济理论，而且需要我们怀有开放的心态，真诚地了解、借鉴和吸收国外学者的相关研究成果。当今国外，一大批马克思主义经济学家，以马克思主义经济学基本原理与当代世界经济具体实际的结合为主题，阐述了世界资本主义和社会主义市场经济的一系列新的理论和政策思路，为中国政治经济学理论的创新提供了可借鉴的宝贵思想资源。"国外现代政治经济学经典译丛"正是出于这样的目的，遴选和翻译出版国外著名马克思主义经济学家的经典性著作，供国内学者学习研究和借鉴。

本丛书第一批翻译出版的 10 本著作，都是经过十分严格的遴选程序挑选出来的。首先，我们请世界政治经济学学会的国外数十位经济学家推荐了 100 多部专著，又约请了国内外 20 多位著名的马克思主义经济学家向我们推荐近 30 年来在政治经济学领域具有创新性贡献并产生重要影响的经典性著作，总共收到 30 多种推荐著作。我们从中选择有 2 人以上推荐的著作，然后对其内容的科学性、创新性和影响力进行了全面评审，在此基础上最终精挑细选出了10种著作进行翻译出版。这些著作的作者都是在国际上享有崇高声誉的马克思主义经济学家，著作本身是具有重大理论突破和创新，在国际政治经济学学界具有持久影响的经典之作。为了保证翻译质量，我们规定，著作的翻译者必须是在高等院校或科研院所实际从事经济学教学和研究工作的教师或研究人员，且必须具有博士学位。著作的校对者必须是长期在政治经济学领域从事教学研究工作的专家学者，一般要求有正高职称。通过这些努力，我们力图把这些经典著作高质量地奉献给广大读者。

  本丛书虽然属于经典性的学术著作，但除了个别著作含有较多数理模型和数学推导外，大都以文字叙述为主，内容并不晦涩，现实感强，可读性强，对于了解一个真实的当代资本主义也颇有价值。因此，它不仅适合高校和党校系统等经济类专业的教学和研究人员，可作为教学或研究的辅助教材或参考资料使用，而且也适合关注社会现实问题的党政干部、高校学生和其他各界人士阅读参考。

  本丛书的翻译出版得到了中国社会科学院创新工程学术出版资助项目的资助。在丛书取得中文版权和编辑出版过程中，中国社会科学出版社的赵剑英社长、田文主任、赵丽编辑等人做了大量的工作，付出了辛勤的劳动。在丛书出版之际，我谨代表丛书编委会向上述单位和人士，以及所有对丛书的翻译出版给予帮助和支持的单位和人士，表示衷心的感谢！

  尽管我们力图通过严格的规定和细致的工作，使丛书能够以完美的面貌呈现给读者，但是错讹和疏漏还是在所难免。所以我们诚恳地希望广大读者批评指正，以便在将来再版时进一步完善。

程恩富

二〇一四年五月

（作序者系世界政治经济学学会会长、中华外国经济学说研究会会长、英文国际期刊《世界政治经济学评论》和《国际批判思想》主编；中国社会科学院马克思主义研究学部主任、经济社会发展研究中心主任、学部委员、教授）

谨以此书献给那些给予我帮助的学生

前　言

本书力求成为了解马克思经济学著作基本篇目和马克思经济学完整结构的指南。在本书中，我提供了可供参考的《资本论》的相应章节，因为我相信任何一个对马克思经济思想抱有浓厚兴趣的读者都不会仅满足于阅读"指南"这样的读物，而是希望看看马克思本人的说法。在本书的结尾部分，我为进一步阅读提供了建议，之所以认为这些文献有益，或是因为它们具有清晰的思想，或是因为它们是某一种观点的代表。更为完整的参考书目可参阅《马克思主义思想辞典》（*Dictionary of Marxist Thought*, Bottomore et al., 1984）。

对于本书所涉及的部分理论，我使用数学进行了分析和证明。数学的难易程度大致相当于大学中级经济学课程所要求的水平。

本书旨在为马克思经济理论提供一般性介绍而非为某特定解释辩解。但读者应当了解，我在处理价格、价值、劳动力价值以及我所谓的货币价值和不等价交换时采取了非传统的具有争议性的立场。我所尊重的一些严肃的马克思主义理论学者对我关于这些问题的解释给予了批评，对我在讨论这些问题时采用的语汇提出了质疑，但我相信我对这些问题的处理是符合马克思原意的。而且更为重要的是，我认为这一方法具有决定性的教学意义。我赖以倚重的解释方法为劳动价值论与现实世界中的货币、价格间的关系提供了一个简单、直观而又清晰的解释，从而避免了学生在初次接触劳动价值论时就要面对极为复杂抽象的讨论。如果掌握了这种方法，也将有助于理解有关其他解释的争论。

许多学者对我认识马克思主义经济学都有所帮助，尤其应当感谢的是迈克尔和苏珊·卡特、詹斯·克里斯蒂安森、杰克·格雷、唐纳德·哈里斯、布里奇特·奥拉弗林、克里吉普和吉他·森、亚历山大·汤普森、罗伯特·威廉姆斯以及我在斯坦福大学政治经济学会从事研究期间的其他一些学者，还有苏珊娜·德·布鲁胡夫、杰拉德·迪梅尼尔、劳伦斯·哈里斯、戴维·利维、多米尼克·利维、阿兰·李普茨、约翰·罗默、杰西·施沃茨、安华·施克、爱德华·伍尔夫，以及参与哥伦比亚大学伯纳德学院"马克思主义经济理论"课程的学生们。

艾里斯·亚马森、安德烈·伯吉斯塔、杰拉德·迪梅尼尔、唐纳德·哈里斯、斯蒂芬·玛戈林、黛博拉·米兰科威茨、兰斯·泰勒、爱德华·伍尔夫为本书的初稿提供了有益的建议。哈佛大学出版社的迈克尔·阿伦森为本书的出版给予了积极的鼓励和重要支持。朱迪·辛普森为本书做了大量修订，使得本书的论证更为清晰、有力。

本书引用的材料一部分来自卡尔·马克思著、马丁·尼古拉斯翻译的《政治经济学批判》（Harmondsworth and New York：Penguin Books and Random House；copyright 1973，Martin Nicolaus）。还有部分引用来自马克思著、恩格斯编辑的《资本论》的第 I、II、III 卷（1967），马克思著《剩余价值理论》（1963），马克思著、莫里斯·多布编辑的《〈政治经济学批判〉序言》（1970）以及《马克思恩格斯选集》（1968）。

最后，我要感谢我的妻子海伦娜·皮特·福利，为了我她承受诸多。感谢我的儿子，马丁·尼古拉斯，他总是想方设法给予我比以往更多的支持。

目　　录

第一章　读懂马克思：方法 ……………………………………（1）
　　一　历史的和不断变化的现实 ……………………………（1）
　　二　人类知识的生产 ………………………………………（2）
　　三　知识结构 ………………………………………………（3）
　　四　规定的层次性 …………………………………………（3）
　　五　出发点的重要性 ………………………………………（4）
　　六　高层级规定对基本规定的修正 ………………………（5）
　　七　自我规定和同义反复 …………………………………（6）
　　八　通过不同层次的规定解释 ……………………………（7）
　　九　解释、规定和注定 ……………………………………（7）
　　十　规律和趋势 ……………………………………………（8）
　　十一　规定的严格层次性 …………………………………（8）
　　十二　模型和理论 …………………………………………（9）
　　十三　辩证法 ………………………………………………（9）

第二章　商品：劳动、价值和货币 ……………………………（11）
　　一　生产体系 ………………………………………………（11）
　　二　商品二因素（《资本论》1.1.1）……………………（12）
　　三　劳动价值论 ……………………………………………（13）
　　四　创造价值的劳动（《资本论》1.1.2）………………（14）
　　五　价值的货币形式（《资本论》1.1.3，1.2）…………（16）
　　六　货币、价格和价值 ……………………………………（18）
　　七　货币形式和货币价值（《资本论》1.3.1）…………（19）

八　货币的流通和贮藏（《资本论》1.3.2.a，2b，
　　　　3a，3b） ………………………………………………（21）
　　九　货币商品体系中的纸币（《资本论》1.3.2c）………（22）
　　十　国际货币关系（《资本论》1.3.3c） …………………（23）
　　十一　有价格的非劳动生产物（《资本论》1.3.1）………（24）
　　十二　商品拜物教（《资本论》1.1.4） ……………………（24）

第三章　资本和剩余价值理论 ………………………………（26）
　　一　资本理论和价值理论 …………………………………（26）
　　二　商品循环（《资本论》1.4） …………………………（26）
　　三　资本主义生产（《资本论》1.4，1.5） ………………（27）
　　四　劳动力商品（《资本论》1.6） ………………………（29）
　　五　劳动力商品的价值（《资本论》1.6，1.7，1.9）……（30）
　　六　剩余价值和无酬劳动（《资本论》1.10） ……………（31）
　　七　剩余、剥削、阶级和剩余价值 ………………………（32）
　　八　资本再生产和社会再生产 ……………………………（33）
　　九　劳动力价值的再讨论（《资本论》1.6）………………（34）
　　十　可变资本和不变资本（《资本论》1.8） ……………（36）
　　十一　对剩余价值的解释 …………………………………（38）
　　十二　新古典经济学的剩余价值理论 ……………………（39）

第四章　资本主义条件下的生产 ……………………………（41）
　　一　绝对剩余价值和相对剩余价值（《资本论》1.12）…（41）
　　二　绝对剩余价值的生产方法（《资本论》1.10）………（42）
　　三　相对剩余价值的生产方法（《资本论》1.12）………（44）
　　四　技术进步：使用价值和价值（《资本论》1.12）……（45）
　　五　资本家和生产方式（《资本论》1.13） ………………（47）
　　六　资本主义生产方式的发展（《资本论》1.13，
　　　　1.14，1.15） …………………………………………（49）
　　七　结论 ……………………………………………………（50）

第五章　资本的再生产 ······················ (52)
　　一　再生产（《资本论》1.23）················ (52)
　　二　再生产与资本积累（《资本论》1.24，1.25）······ (53)
　　三　工资和产业后备军（《资本论》1.19，1.25.3）···· (54)
　　四　资本循环（《资本论》2.1－2.4，2.7）········· (55)
　　五　资本循环模型（《资本论》2.7，2.9，2.12－
　　　　2.14）····························· (58)
　　六　简单再生产模型（《资本论》2.18，2.20）······· (59)
　　七　资本循环的扩大再生产模型（《资本论》2.21）···· (61)
　　八　简单再生产条件下的比例关系和总需求
　　　　（《资本论》2.20）······················ (64)
　　九　扩大再生产的比例关系（《资本论》2.21）······· (68)
　　十　扩大再生产过程中的总需求 ················ (72)
　　十一　结论 ·························· (74)

第六章　利润率的平均化 ······················ (76)
　　一　利润率（《资本论》3.1－3.4）·············· (76)
　　二　利润率的平均化（《资本论》3.8－3.10）······· (77)
　　三　等价交换与利润率平均化不相容
　　　　（《资本论》3.8）······················· (79)
　　四　马克思的方法（《资本论》3.8）·············· (80)
　　五　马克思分析方法的缺陷（《资本论》3.9）······· (82)
　　六　马克思分析方法的完成 ···················· (83)
　　七　马克思分析方法的失效 ···················· (84)
　　八　转形问题的意义 ························· (85)
　　九　总结 ·································· (86)

第七章　剩余价值的分割 ······················ (88)
　　一　剩余价值的表现形式（《资本论》3.16－3.18，
　　　　3.21－3.25，3.37－3.45）·············· (88)
　　二　租金（《资本论》3.37－3.45）·············· (89)
　　三　利息（《资本论》3.21－3.25）·············· (91)

四　商业利润：生产和非生产性劳动
　　　（《资本论》3.16—3.19） ………………………………（97）

第八章　利润率的下降 ……………………………………………（104）
　　一　资本主义生产的特征（《资本论》3.13） ………………（104）
　　二　资本积累的后果（《资本论》3.13） ……………………（105）
　　三　李嘉图的利润率下降理论 …………………………………（106）
　　四　马克思对于李嘉图理论的批判
　　　（《资本论》3.13） ……………………………………（107）
　　五　马克思的利润率下降理论（《资本论》3.15） …………（108）
　　六　利润率下降的反趋势因素（《资本论》3.14） …………（111）
　　七　利润率下降的必然性 ………………………………………（112）
　　八　利润率下降的可能性 ………………………………………（114）
　　九　结论 …………………………………………………………（116）

第九章　资本主义经济危机理论 ………………………………（117）
　　一　资本积累的暂时不平衡 ……………………………………（117）
　　二　经济危机的一般理论 ………………………………………（118）
　　三　经济危机的特殊理论 ………………………………………（121）
　　四　马克思对于萨伊定律的批判 ………………………………（121）
　　五　比例失调理论 ………………………………………………（123）
　　六　消费不足危机理论 …………………………………………（125）
　　七　利润率下降危机理论 ………………………………………（127）
　　八　资本积累的长期趋势 ………………………………………（129）
　　九　资本主义总危机 ……………………………………………（130）

第十章　社会主义 ………………………………………………（132）
　　一　社会主义和资本主义批判 …………………………………（132）
　　二　资本主义的积极面 …………………………………………（134）
　　三　资本主义的消极面 …………………………………………（136）
　　四　马克思对于其他社会主义观点的批判 ……………………（138）
　　五　马克思的社会主义观 ………………………………………（140）

六　社会主义建设和工人阶级 …………………………（142）
七　总结 ………………………………………………（143）

阅读建议 ……………………………………………………（144）

参考文献 ……………………………………………………（149）

第一章

读懂马克思：方法

很多读者对马克思的哲学和方法论假设都不怎么熟悉。这种不熟悉直接导致了对马克思产生了不必要的误读，尤其导致不能在抽象层面及与前期文本之间的联系层面正确地理解马克思。本章我将努力消除这些误解，指明马克思思考和写作方式的一些重要特征。

一 历史的和不断变化的现实

马克思认为他所分析的社会现实是一个由其自身内部矛盾推动的不断演化的过程。也就是说，马克思认为他所研究的社会现实不能独立于产生它们的历史。这种方法同那种认为现实往往是不断重复自身而无关于历史环境的认识形成了鲜明的对比。马克思将他所研究的社会关系看作是一个不断变化的过程，而不只是不变要素的重新组合。因而，马克思的目标不是指出并解释人类与社会之间相互作用的一劳永逸的普遍原理，而是要了解在特定社会形态中左右这些变化的规律。事实上，那些看似普遍的且被归于"人性"或归于人类存在状态的"人类"特征，在马克思的研究兴趣中则是其次的。马克思总是力图从历史的角度找出那些使某一社会形式区别于其他社会形式的特有方面。在《政治经济学批判》的"导言"中，马克思（1939, p.85）在谈到生产方式时明确指出了这一点。

[有些]规定是最新时代和最古时代共有的。没有它们，任何生产都无从设想；如果说最发达语言的有些规律和规定也是最不发达语言所有的，但是构成语言发展的恰恰是有别于这一般和共同点

的差别，那末，对生产一般适用的种种规定所以要抽出来，也正是为了不致因见到统一……就忘记本质的差别。而忘记这种差别，正是那些证明现存社会关系永存与和谐的现代经济学家的全部智慧所在。①

二　人类知识的生产

在马克思看来，人类关于社会现实的知识是人类的产物并且不能脱离人类的活动而存在。知识是一个不断累积的社会的产物，如同一座人类城市，它的生产和再生产包含了许多方面：讲授、传承、批判性修正、大规模的破坏和更新、开拓新的研究领域等。特别是，马克思认为，知识并非来自上帝头脑的某处或一个现成的图书馆，人类所能做的也不仅仅是发现这些知识。人类活动以创造艺术或产品的方式创造了知识。这种活动是社会性的，每一个知识生产者都始自继承前人知识，并工作于人类以自有方式再生产和修正这些知识的大背景之下。

在马克思看来，知识的生产不可能脱离开人类的活动。人们总是在试图改造和控制自然界的过程中认识外部世界（至少，希望通过系统地观察来揭开世界的奥秘），而不是依靠抽象的推理来认识世界。这种将知识看成是历史的并不断变动的观点，赋予了批判主义方法一个核心功能就是仔细审查、质疑和修正已有知识。正是在这种意义上，马克思对于所谓的"原创"并不十分感兴趣，他想发现的是其他学者所构建知识中的核心真理。在这种意义上，马克思的批判主义是积极的，尽管有时他采用了嘲笑的口吻，但他相信，在每个成体系的观点表述中某种程度上总是存在一些真理，问题是要发现哪些是真理及在什么程度上是真理。

因此，在阅读马克思的著作过程中，我们必须仔细区分哪些是马克思复述或是改写的来自其他学者的材料，哪些是马克思计划修正的材料。这样一种区分对于理解几个核心的经济学问题尤为重要。在价值理论中，马克思吸收了许多大卫·李嘉图的观点以及李嘉图对亚当·斯

---

① 译者引自《马克思恩格斯全集》第12卷，人民出版社1962年版，第735页。——译者注

密观点的修正意见；在对生产劳动与非生产劳动的区分上，马克思吸取了斯密的观点，并且从历史的角度进行了说明；对于资本主义经济利润率呈下降趋势这一理论，马克思认为它是公认的古典经济学家们的发现，而他所寻求的是在他关于资本主义生产动态发展的认识框架内对该问题的合理解释。

在马克思的思维方式中，知识与现实在形式上具有重要的相似性。马克思从不区分二者，他既没有像黑格尔派哲学家那样将现实看作是思维自身的产物，也没有像经验主义者那样将知识看作是现实简单的、直接的反映。

三 知识结构

马克思接受了黑格尔关于人类知识结构的大量分析。他认为，尽管知识的内容总在不断变换，但知识的形式却始终不变。人类知识结构的基本要素，马克思称之为"概念"或"规定"。这些"概念"或"规定"是讨论现实不同方面的工具，而这些现实的不同方面是从它们与构成具体情况的全部复杂要素的关系中分离和提炼出来的。这样一种关于"概念"的认识在社会科学领域中是共通的，尽管一些特定概念被赋予重要意义，但这些概念在不同理论中的地位存在很大差异。如，马克思将"价值""劳动""货币"和"商品"看作是理解资本主义生产历史特殊性至关重要的基本概念；而新古典经济学则将"偏好""技术""资源"以及"市场"看作是帮助理解任一人类社会资源配置问题的基本概念。

四 规定的层次性

在理论问题上，马克思坚持"概念"或"规定"具有层次性的观点。在他看来，知识是一种由基本概念或规定构成的分析性智力建构。这些概念按照一定的层级被发展和规定，它们结合在一起就在思维中再现真实现象的重要特征。在《政治经济学批判》的"导言"中他很清楚地解释了这一过程（1939，pp. 100 - 101）：

从实在和具体开始，从现实的前提开始，因而，例如在经济学上从作为全部社会生产行为的基础和主体的人口开始，似乎是正确的。但是，更仔细地考察起来，这是错误的。……因此，如果我从人口着手，那末这是整体的一个浑沌的表象，经过更切近的规定之后，我就会在分析中达到越来越简单的概念；从表象中的具体达到越来越稀薄的抽象，直到我达到一些最简单的规定。于是行程又得从那里回过头来，直到我最后又回到人口，但是这回人口已不是一个整体的浑沌表象，而是一个具有许多规定和关系的丰富的总体了。……具体之所以具体，因为它是许多规定的综合，因而是多样性的统一。……在第一条道路上，完整的表象蒸发为抽象的规定；在第二条道路上，抽象的规定在思维行程中导致具体的再现。①

这种双重运动在马克思的著作中随处可见。《资本论》可以被看作是一种在思维中对整个资本主义复杂社会关系进行重构的运动，这种重构从最简单的概念——商品、价值和货币出发，最终达到最复杂的、扭曲的形式，如股票市场和商业危机。

五　出发点的重要性

由于马克思强调规定的层次性，因而分析的出发点在建构理论内涵中就变得十分重要。同样的规定可以以完全不同的重要性出现在完全不同的理论中，原因是它们同概念的整体结构有着不同的联系。举例来说，资本家之间的竞争使得从事不同类型生产的资本的利润率趋于平均化这一观点，在新古典经济学和马克思的经济理论中是以基本相同的概念形式表达的，但这一趋势被赋予的重要性在两种理论中是完全不同的。在马克思的经济理论中，这一趋势是商品的货币价格与其自身价值相背离产生的一个例子（详见本书第六章），是剩余价值通过交换关系进行再分配的一个重要部分；在新古典经济学中，利润率的平均化则是体现自由竞争市场资源配置效率的核心思想。

---

① 译文引自《马克思恩格斯全集》第12卷，人民出版社1962年版，第750—751页。——译者注

六　高层级规定对基本规定的修正

在马克思看来，借助于不同层级的理论规定再现具体会造成两种潜在的混乱影响。首先，添加更高层级的规定可能会产生一些与基本规定相矛盾的现象。例如，更高层级的规定——交换过程中剩余价值的再分配导致利润率的平均化，使得基本的规定即劳动创造价值与剩余价值来自无酬劳动变得模糊不清了。因为在更高层级的规定中，单个企业所占有的剩余价值可能不会与它所剥削的劳动力直接相关。但这种矛盾只是表面上的；只要相关解释符合这一理论结构，那些基本规定在这种解释中就仍然是正确和重要的，并可继续适用于更为复杂的情况。这可以理解为，如果去除那些更高层级的规定，则基本规定的适用性就是无限制的。我们并不将建筑物没有倒向地面看成是与万有引力定律相矛盾的现象，因为恰恰是万有引力定律让我们明白了为什么梁柱的一些物理特性能够使建筑物屹立不倒。假如这些物理特性被改变了，那么万有引力定律就会在建筑物的倒塌中再现自身。

基本规定往往是在一个系统总的或一般的运行中表现自身。这样，在我们考察单独一家企业时，剩余价值来源于无酬劳动就会变得不十分明显，但是在我们将所有资本主义企业作为一个整体考察时就会看得非常清楚。基本原理往往是以适用于整个体系的守恒原理的形式出现的。对于整个商品生产体系而言，劳动价值论看起来就是这样一个守恒的规律——价值由劳动创造并在交换中得以保存。这样一条规律意味着价值生产的决定因素与价值分配的决定因素之间存在明显的差异。马克思往往不直接指明他所研究的是总体层面。他总是通过讨论系统中的一个典型的或一般的要素来解释整个系统总体的运行状况。例如，在《资本论》的前三章中马克思讨论了适用于典型的或一般商品的规律。事实上，这些规律适用于所有社会产品的总和，而不可能适用于任何特定的、现实的个别商品，因为特定的、现实的个别商品具有诸多特定的更高层级的规定。与此类似，在整个《资本论》第Ⅰ卷当中，马克思所讨论的一般资本或者典型的资本，实际是总资本或者是总资本的一个比例模型。

七 自我规定和同义反复

在马克思看来，构成一个理论的各种概念是彼此定义的。离开由这些概念所组成的体系，要想理解其中任何一个概念都是不可能的。例如"价值"这个概念包含多个方面，如交换价值、货币和抽象劳动。当我们追问"价值"是什么的时候，马克思会说价值是商品生产社会中劳动所采取的一种形式。当我们追问抽象劳动是什么的时候，马克思会回答说它是商品生产条件下创造价值的劳动的一种属性。关于"价值"的一系列概念组成了一个自我定义的体系。这会使一些人认为这是循环论证和同义反复，是一个从逻辑分类中凭空想象出来的纯粹抽象概念。事实上，马克思自己对他的理论体系中过分"黑格尔式"的表述方式可能带来的风险做了评论。在黑格尔那里，观念的结构看起来就是观念自身建构起来的。

马克思的思维方式中不存在不符合逻辑或互不相关的东西，认识到这一点很重要。理论应当按以下方式检验：发展起来的相互联系在一起的概念之间必须彼此一致且符合逻辑，这样一种发展不应是随意的或者是不严谨的。即使是一个构建严谨的理论也需要经过一个长期的检验，这种检验要求构成理论的自我定义的体系在一定程度上应是对现实的真实反映和阐释。马克思能够符合逻辑地或者辩证地证明在"商品生产"体系中价值、交换价值和劳动之间的关系所采取的必要的特定形式。无论如何，我仍要让大家相信，我们要研究的（也许就是我们自己所处的）这个社会就是一个"商品生产"或者说"资本主义生产"的实例。假如我们得自马克思经济理论的解释看起来存在瑕疵，或者说是错误的、无益的，我们就有可能需要证明我们研究的对象不是马克思所设想的商品生产。理论本身只有在下述情况下才会变成是一种同义反复：当遇到真正的异常时，我们要用特殊原则去解救基本规定。

事实上，所有的理论，包括自然科学中的各种理论，都具有自我规定的特征。如在牛顿力学中，关于"力"和"质量"的定义存在着不可分的相互依赖性。对于这个世界的最为重要的科学表述不是同义反复，也不是对经验事实的简单陈述，而是自我规定的有益的理论关系，并与此同时阐明世界中的一个基本关系。

八 通过不同层次的规定解释

科学最基本的一项活动就是对现象作出解释。按照马克思的说法，一个关于现象的好的解释应是在现象与不同层级的理论规定之间建立起联系，运用这些理论上的规定将现象再现。其中，最基本的规定是始终适用的。因而，马克思关于资本主义生产和剩余价值最终来源的解释不仅要求商品与价值的基本理论原理在资本主义生产中继续适用，还要求对剩余价值的产生作出说明。而马克思关于利息和利息率的解释必须以资本主义生产和剩余价值理论的整个理论结构为基础，并指出利息率是如何在资本家追求利润的压力下产生的。

九 解释、规定和注定

在马克思看来，当我们观察到某一具体现象时，我们就应当能够解释它。也就是说，我们能够在这一现象与一系列不同层级的概念之间建立起联系。从这种意义上说，马克思相信现实是"被规定"的，事后是可以用科学理论进行解释的。而且，如果某一理论的基本概念是正确的，只要有疑问的现象仍具有本质特征，那么这些基本概念对这一现象的解释力就一定会继续存在。马克思有时将这样一种规律性称为"必然性"。但无论是规律性或必然性，或者两者同时使用都不意味着具体的未来是"注定"的。如果某件事发生了，那么有关它的所有规定事实上也已经发生，我们也就有机会准确地找出所有这些规定到底是什么（或者说找到足够数量的规定使我们感觉到已经能够理解所发生的事情）。但对于未来，即使我们确信我们知道一些发挥作用的规定，我们也无法知道全部。也就是说，实际所发生的状况"必然"在遵循一定的基本原理（不管这些原理是关于自然科学的还是社会科学的，不管是万有引力定律还是价值规律）。这些知识有着巨大的作用但却不能使我们具有预测未来的能力，也不意味着未来是注定的。

十　规律和趋势

马克思将"规律"和"趋势"作为理论的基本规定。比如,"价值规律"涵盖了价值、劳动和货币之间的必然联系以及从这些联系中派生的其他一些守恒原理。资本主义经济中的"利润率下降趋势"是资本积累过程中生产力提高和相关技术知识进步的结果。从我们已经熟知的马克思的思想出发,我们不应期盼规律在每一个具体事件上都能得到经验性地证明(如,对于一组连续测得的平均利润率数据,并不是每一个平均利润率的值都会小于前一期的数值),因为可能会存在更高层级的干扰性规定限制甚或逆转处于较低层级的趋势。但这并不意味着这样一种潜在的趋势不存在或者被更高层级的规定所否定。因为更高层级的规定不得不与较低层级的趋势相互抗衡或者通过较低层级的趋势发挥作用。假如一辆汽车在刹车时有突然右转的趋势,这一趋势并不会因驾驶者在刹车时向左打方向而消失。当汽车慢下来时,汽车看起来是向前直走的,但其实突然右转的趋势在驾驶者向左打方向以保持车前行时仍在发挥作用。同样道理,即使利润率下降的趋势被诸如来自殖民地剩余价值的占有或者新的殖民地市场的开辟等这样的因素消减,但基本规律的重要性仍然不会改变。

十一　规定的严格层次性

在新古典经济学当中,同一种情形下的各种规定通常被认为是同时发挥作用的。也就是说,所有的规定在导致最终结果的发生上被认为是同等重要的。关于这种方法的一个例子是新古典经济学的一般竞争均衡模型。依据一般竞争均衡模型,在所有用来定义竞争性均衡的那些同时存在的市场出清的条件之间,存在完全的均衡。这样一种思维方式对于马克思来说是陌生的。马克思研究问题总是先找出一个初步近似于最简单或最基本规定的东西,然后不断地修正自己的结论。

马克思的方法突出表现在其对"转形问题"("转形问题"使劳动价值论与资本主义生产中不同部门之间各种利润率平均化理论协调一致)的研究上。然而,当代研究者处理"转形问题"时却总是通过求解同时成立的一系列等式的方法进行。马克思只是分析了追求利润率平均化带来的第一轮结果，而没有考虑资本价值的价格变化所带来的反馈性影响。与此类似，马克思在讨论利润率下降的趋势时，指出了存在反趋势的可能性，即由于剥削率的上升或者更便宜的不变资本的出现可能会阻碍由资本技术构成提高带来的利润率的下降。但当代一些研究者却将这样一些效应看作是资本主义条件下技术进步过程中并行不悖的两个方面。

马克思有时（特别是在《资本论》未完成的部分中）是以这种初步近似的研究结束他的分析的，而没有继续系统地引入更高层级的规定进行分析。尽管如此，他坚持按照规定的层级所得出的清晰的结果也比那些通过同时求解的方法得出必然不明确的结论更具有科学性。

十二　模型和理论

在马克思的著作中，对于模型和范例的分析都是十分恰当的。正如我们所看到的，马克思将理论看作是一系列概念按照认识世界的方式建构起来的一个复杂有序的整体。理论自身是一个矛盾体，因为在任何理论内部都包含着引发自身变革的种子，包含着潜在的矛盾，而这些矛盾的发展会打开新认识的大门。另外，模型是理论的表达，在模型中，那些相互矛盾的因素被抑制住了，通常采用数学方式来表达观念。模型通常不是对现实的反映而是理论的一种表达。每一种理论都可以生发出众多数量的模型，每一个模型都会代表这个理论的某一个方面，但没有一个模型能够与其理论完全一致。事实上，没有一个模型能够与它所准确代表的理论完全一致，因为模型将理论中真实存在的那些矛盾抑制住了。建立模型的研究方法也与新古典经济学惯常采用的分析方法尖锐对立，新古典经济学最主要的任务是研究抽象模型的特征，其中，模型与现实之间的关系问题发挥着重要作用。

十三　辩证法

辩证法要素在马克思的思想和著作中的表现方式有两种。

第一，马克思总是努力揭示观念发生批判性转变的辩证过程，而这是所有富有生命力的理论的共同特点。但是现在很多理论家将概念的形成过程隐去了，而这一过程当然包括对现有概念进行的辩证重构。马克思在他的著作中将这一过程提到了非常显著的位置。例如，马克思并不是简单地陈述他对于货币理论思考的结果，而是努力为我们再现从商品概念到货币概念的辩证运动过程。这基本上是关于风格和陈述的事。

  第二，更深入地看，马克思著作中辩证法的影响体现在他对现实的本质和知识的本质的理解上。马克思将现实世界看成是一个处于不断变动中的充满矛盾的过程，而不是一个静态的预先存在的实体，这样一种认识体现着辩证法对于马克思思想最深刻的影响。类似地，马克思接受了一个重要的事实，人类的知识如同概念一样，都有着一种不断运动和变化的特征。对于那些将知识看成是一经发现或一经揭示即一成不变的真理的人来说，马克思思想的这些特征的确令人惊惶失措、无所适从。

第二章

商品：劳动、价值和货币

一　生产体系

一切人类社会均是通过生产来满足自身对物质资料的需要。在某些社会中，产品成为某些特定代理人的财产，他们通过交易过程交换彼此的产品。交易过程的关键是代理人对产品的实际控制，除非他的要求被其他代理人满足，否则他不会进行交易。马克思将存在于这样一种所有权和交易体系中的产品称为"商品"。马克思的《资本论》就是从对商品的分析开始的。生产的商品形式理论为研究由交换组织起来的生产体系的一些特定方面提供了一种路径。

不存在任何交换关系或是仅存在少量交换关系的生产体系不是商品生产体系。在一些非资本主义社会中，大量满足需要的物质资料的生产，完全是在家庭内部通过狩猎、采摘和简单的农业活动来完成的。产品的分配则是完全在家庭或家族基础上进行，或者依据习俗来进行的。马克思认为，在古秘鲁的印加人那里，所有的产品都属于国王，产品在王权下汇集起来并且集中进行分配。从理论上说，在一个社会主义社会或者共产主义社会中，产品归社会所有（也有可能是形式上归国家所有），产品分配所遵循的是在整个社会水平上制定的规则和政策。在所有这些情况中，我们都能够清晰地看到生产和分配，但是，建立在私人所有基础上的交换不是分配形式的终结。

即使在商品生产社会中，某些重要的生产也并没有采取商品的形式。实际上，即使在一个高度发达的商品经济中，自给自足和家务劳动也仍然发挥着重要的作用。一个家庭自己制作菜肴、保养汽车显然是在满足自身的物质需要，但这些并不用于从别人那里换取产品，也就是说这些产品不是商品。

二　商品二因素（《资本论》1.1.1）

在商品经济条件下，产品的所有者满足自身的物质需要可以采取两种方式。他可以通过消费自己生产的产品来直接满足需要，也可以通过消费和别的商品生产者交换来的产品来间接地满足自己的需要。这样的话，商品就具有了两个要素：首先他对某一个人直接有用，或者按照亚当·斯密的说法（马克思采纳了这一说法），商品具有"使用价值"；其次，他可以用于和其他商品生产者进行交换。马克思将商品的这一特征称为"价值"。①马克思把价值看成是在商品生产社会条件下，包含在每件商品中一定数量的东西。认识到这一点非常重要。它是由社会性决定的，因为它源自这样一个现实，即商品是一个由交换组织起来的生产体系的产物。每件商品都包含一定数量的价值，并且一个社会在一定时间内新生产出来的所有商品也包含一定数量的价值，即所有新生产商品总的"新增价值"。

正如我们将在下文中看到的那样，马克思认为"货币"是从其他特殊商品中分离出来的价值的表现。新生产商品的新增货币价值可以用来衡量新生产商品的全部价值。当我们从所有商品都包含价值这一点再向前走，我们就会看到货币。

同样我们将会在下文中看到，马克思接受了大卫·李嘉图具体解释过的关于价值来源的观点，认为商品价值来源于生产商品过程中的劳动耗费。这样，当我们从价值向上追溯时，我们找到了劳动时间。

我们可以将马克思理论的基本结构归纳如下：在一个生产是通过交换组织起来的社会里，会存在一些特殊的规律，这些规律从属于可交换产品（或商品）的二因素。商品二因素指的是，使用价值和价值（或与其他商品相交换的能力）。对于任何人类社会的有用产品而言，都具有使用价值。但价值这一特征只有在商品生产条件下存在。劳动创造价

---

① 本书中，《资本论》中相应参考篇目的编号，第一个数字代表卷数，第二个数字代表章，第三个数字代表章内的部分。（本书除了此处脚注是原来作者的注释外，其他皆为译者注）

值，货币是价值的表现形式，货币只不过是从其他特殊商品中分离出来的一种价值。

三　劳动价值论

劳动价值论可以简单概括为这样一条原则，生产出的商品的价值的源泉是生产商品时所耗费的劳动。假如我们加总实际生产商品时所耗费的全部劳动时间（关于这一点在后面的更为细致的讨论中会做出一些适当的调整），劳动时间一定是包含在商品中增加的全部价值。

当货币从其他商品中分离出来后，货币的单位，比如说美元，成为度量价值的手段，这样我们就可以用货币单位来度量整个社会的价值量。如20世纪80年代初期，美国一年中新创造的全部价值大约为3万亿美元。当时美国劳动力的数量大约为1亿。假如这些劳动力每周工作40个小时，每年工作50周（这样的计算并不十分准确，因为部分劳动力在一年中只有部分时间工作），并且假定这些劳动力都是受雇于物质产品生产部门（这样的假定也不完全正确，许多劳动只是参与价值的分配而不是价值的创造），这样，全部的劳动时间为2000亿个小时。按照劳动价值论，这样一个劳动时间和新创造的价值量只不过是同一事物的两个不同方面。劳动创造价值，价值可以以货币的形式来表达。在这个例子中，每一小时劳动新创造的价值为15美元。

在上例中，同样可以计算出每一单位货币所代表的劳动时间，即每一单位美元约代表1/15小时（约4分钟）的社会劳动。这样一个比率我们称之为"货币价值"，因为它说明了每单位货币所代表的劳动时间。我们也注意到，在平均情况下，每一小时的劳动大约新创造15美元的价值，这可称为"价值的货币形式"，因为它说明了每一小时劳动新创造价值的货币形式的数量。"价值的货币形式"与"货币价值"二者互为倒数。货币价值会随着时间的变化而变化，因为劳动生产率会不断变化以及所有商品的一般价格水平在变化——通货膨胀或通货紧缩。

不应将货币价值与工资率的倒数相混淆。假如平均工资率为每小时5美元，1美元可以购买劳动力（活劳动具备的能力）的1/5小时，即使1美元只代表1/15小时的社会劳动。

劳动价值论的基本思想是新生产出的全部商品包含了全部生产性的

社会劳动时间，价值可以以货币的形式表现，货币是从任何其他商品当中分离出来的一种价值形式。

四　创造价值的劳动（《资本论》1.1.2）

马克思从李嘉图那里接受了劳动价值论，并且做出了重要的批判性的修正，形成了他自己的系统而确切的说明。其中最重要的贯穿于马克思全部论述的修正是将劳动价值论应用于商品生产的总和（或者商品生产的一般）之上，而不是像李嘉图曾表明的那样，只是将劳动价值论局限于对每一具体商品的分析。为了保证劳动价值论在分析问题时保持一致性，马克思通过对"劳动"概念的仔细分析进一步完善了劳动价值论。可将他对"劳动"概念的批判性修正概括如下：创造价值的劳动是"抽象"劳动而不是具体劳动，是"简单"劳动而不是复杂劳动，是"社会"劳动而不是私人劳动，是"必要"劳动而不是无用劳动。

在这些概念中，最难理解的是抽象劳动。马克思指出，无论何时，我们总能看到一些人为生产某一种产品而从事某一种具体的劳动。我们看到有人在纺线、有人在织布、有人在打孔，还有人在冶铁。所有这些劳动都是"具体"劳动，其目的都是生产某种特殊的使用价值。但马克思认为，仅说织布劳动或者处理材料的劳动是创造价值的劳动是怪诞的，因为对于一个商品生产社会而言，我们会看到每一种具体劳动都在其产品中附加了价值。因而，马克思认为，在一个商品生产社会中，是一般劳动或者说抽象劳动在创造价值。理解这一问题的另一种方式是，在商品生产社会中，所有类型的具体劳动都有这样一种创造价值的能力。当我们对众多类型的特定的具体劳动进行抽象时就会发现价值生产的一般性特点。

同李嘉图一样，马克思也承认，不同个体在价值创造能力上存在差异。但无论这种差异是先天造成还是由于在劳动能力上的花费不同造成，这种差别对于研究都不具有特殊的意义。为了在劳动价值论的分析框架中解决某一人劳动一小时可能比其他人创造出更多的价值这类问题，马克思和李嘉图为衡量劳动时间制定了一个单位，即一小时的"简单"劳动。马克思所说的简单劳动是指不需要任何特别的技能和经验就能从事的劳动。而那些需要更多经验和技能，因在单位时间内可以创造更多价值的劳动则被看成是多倍的简单劳动。

在商品生产社会中，仍有一些劳动只是为了满足劳动者自身的需要。从生产使用价值的角度看，为了满足劳动者自身需要的劳动与商品生产劳动没有什么区别，其使用价值对整个社会的再生产同样发挥着重要的作用（特别是家务劳动和抚养孩子），但是为满足自身需要生产的产品由于不在市场上进行交换，因而不是商品，也就不包含任何价值。为满足自身需要的劳动既然不创造任何价值，也就不直接进入通过交换连接起来的社会劳动分工体系当中。这样的话，马克思认为只有社会劳动，也就是为了交换而进行的劳动才创造价值。

还有一点是非常明确的，单纯劳动时间的耗费并不会创造价值，除非这种耗费在现有的技术条件下是生产商品所必需的。假如一些人在生产商品时花费的劳动时间超过了必要劳动时间，这种商品也只能按照较少的劳动时间生产出来的产品的价格出售；额外付出的劳动不创造任何价值。决定商品价值的是现有条件下生产商品的必要劳动时间，而必要的劳动时间经常会随着技术进步、生产过程的改善、劳动强度的提高和新的自然资源的发现等因素而变化。马克思明确指出，只有现有技术条件下的必要劳动才会创造价值。

这样一种对劳动价值论的界定使理论本身与实际商品生产的总特征一致起来。假如我们试图找出与劳动价值论当中的概念相匹配的具有可操作性的分析工具时，我们也许就不得不找出测度抽象的简单社会必要劳动时间的实用方法。像许多理论联系实际时遇到的情况一样，有不同的方法可以完成上述工作。究竟哪一种方法在给定的背景下对于所研究的问题能够更好地发挥作用，要不断地进行实验及对实验结果进行评估。然而，以不同的方式运用这些概念并不意味着这些概念本身毫无意义，或者不具有赋予这些概念任何可操作特征的可能，认识到这一点很重要。如果我们找不到任何对那些在实践上可测度数量的"劳动"概念有效的解释，那么劳动价值论也就变得毫无意义。认识到下面这点也是非常重要的，马克思在他的高度抽象的讨论中，并没有详细给出测度劳动时间的任何具体的方法。他所做的全部就是指出我们刚才所说明的那种对测度方法的选择的必要。

比如，当我们研究落后国家和发达国家之间的贸易问题时，我们需要找出不同国家劳动的等价物。我们不能只关注单个国家中的价值增殖，因为价格系统不能够正确地反映相对价值（第六章中会看到更详细的讨论）。但是我们能够以别的方式来测度相对的劳动生产率。我们能够测度不同的两个国家劳动者的教育和培训水平。我们也能够对不同国家使用相同技术进行生产的部门的劳动生产率进行研究。这样一种研究能够给出发达国家和落后国家劳动力在价值创造上存在差距的确定的结果。

在整本书中，当上下文明确表明劳动表示抽象的、简单的、社会的、必要的劳动时间时，我会经常使用这一不符合条件的词汇——劳动。

五　价值的货币形式（《资本论》1.1.3，1.2）

一旦我们认为新生产商品中所包含的价值是生产商品过程中所耗费的社会必要劳动的抽象表现，那么接下来我们要思考的就是这样一种价值如何以货币的形式表现。在马克思的理论中，价值代表了商品的可交换性。价值是商品的社会属性，由生产商品时所耗费的劳动产生。不同的商品在交易场所能够按照一定比例进行交换就说明它们具有共同的东西——价值。马克思货币理论的目标就是要说明价值是如何获得货币这样一个一般的表现形式的。

马克思对这一问题的分析是从最简单、最原始的物物交换开始的。假如20码布能够换一只羊，我们就得到这样一个等式

$$20 \text{ 码布} = 1 \text{ 只羊} \quad (2.1)$$

在这样一个等式中，等式两端的商品的地位有着很大的不同，在这个例子中，绵羊成为衡量布的价值的尺度。马克思说，布处于"相对"价值形式的地位，绵羊处于"等价"形式的地位。绵羊是布的价值的特殊等价物。

正如我们将在下面看到的，有许多原因导致实际发生的交换在数量上不能够准确地反映参与交换的两种商品内在价值的比例关系。在实际的交换过程中，商品经常会按照高于或低于自身的价值进行交换。在以后关于价值形式的讨论中，我们将舍弃这样一种干扰，认为商品的交换总是按照等价交换的原则进行的。或者我们可以把布和羊看成是一般商品，所有的商品的价格与耗费在其中的劳动时间总是一致的。

马克思详细研究了简单价值表现形式中的两种商品的相互关系。对

二者关系的分析是通过价值和重量的类比来完成的。重量的多少是一个物体内在的数量特征，也是一个相对多少的问题，但不存在一个绝对的重量。我们可以用一种物体去测度另一种物体的重量，但是这样一个重量或者质量的绝对单位的制定却是一种社会惯例。同样，我们使用一种有价值的商品来度量另一种商品的价值时，这样一种度量的绝对单位是由社会惯例决定的。

对价值形式的分析很快转入对"扩大的价值形式"的分析。在扩大的价值形式中，一种商品，比如说布，与其他一系列商品进行交换，每一种商品都表现布当中所包含的价值。这样一种变化对应着一种观念上的变化，即从对个别交换的认识转换到对整个商品交换体系的认识。这样一种变化还对应着所有的商品都一起参与到交换体系中这样一种新的认识的出现。马克思以无穷的系列来表现扩大的价值形式：

$$
\begin{aligned}
20 \text{ 码布} &= 1 \text{ 只羊} \quad \text{或} \\
&= 10 \text{ 磅茶叶} \quad \text{或} \\
&= 1/2 \text{ 吨铁} \quad \text{或} \\
&= \cdots
\end{aligned} \quad (2.2)
$$

但是这样一种扩大的价值形式并不是一个完成的形态，也并不稳定。扩大的价值形式可以通过引进新的产品扩大交换范围。如果将扩大的价值形式的左右两端互换就会变成一般的价值形式。在一般价值形式下，一种商品，比如说布，成为衡量其他所有商品价值的等价物。

$$
\left.\begin{aligned}
&1 \text{ 只羊} \\
&10 \text{ 磅茶叶} \\
&1/2 \text{ 吨铁} \\
&2 \text{ 盎司黄金} \\
&\cdots
\end{aligned}\right\} = 20 \text{ 码布} \quad (2.3)
$$

在上述形式下，布成为其他所有商品的一般等价物。一般价值形式与货币形式之间已经十分接近。但在一般价值形式中，等式右侧可以是任意商品。在新古典经济学中，任意选择的货币计价标准，按照马克思的理解，也可以被看成是一般等价物。

价值的货币表现形式是通过如下步骤完成的：某种商品或某种抽象的计量单位被社会公认为是一般等价物并且被普遍当作其他商品价值量的度量工具。马克思设想一般等价物只能是某种人类劳动生产的商品，如黄金。在马克思生活的19世纪，黄金是最主要的货币形式。在20世纪，货币体系逐渐由货币商品体系转向价值符号体系，即某一种抽象的货币符号，比如说美元，被当作是一般等价物。这样一种价值符号有其社会含义，但不是作为生产出的产品成为等价物。

在马克思货币理论形成中首要的结论是：货币是商品交换关系自身发展的产物，是从其他特殊商品当中分离出来充当商品的一般等价物。这样，我们就会明白为什么新生产出来的商品能够通过货币单位来表现自身所包含的价值了。

这一理论构成了对那些假定物物交换先于货币引入的货币理论的有力批判。在那些理论中，物物交换经济实际上成为已经充分发展的商品生产模型，这就意味物物交换经济已经具有了"价值的货币形式"的全部规定性。之所以是物物交换模型仅仅是因为他们忽略了交换的货币方面并简化了现实。一旦了解这一点，我们就会明白那些理论将货币再次引入模型时显得是多么笨拙，因为在所谓的物物交换模型中，货币已经在发挥它的作用，只不过是在分析一开始被抽象掉了。马克思的货币理论同样认为，许多实际发生的交易看起来是物物交换，但实际上仍有货币在其中发挥作用。参与交易的双方因为找到了具有相同货币价值的商品，因而可以不借助于货币的倒手来完成交易。

六　货币、价格和价值

新生产的全部商品包含了一定时期内所耗费的全部社会劳动，这部分价值以全部商品的新增货币价值来表现自身。劳动价值论的这一原则促使我们去计算"货币价值"，即增加一美元的货币价值到商品中平均花费的社会必要劳动时间。

在商品生产体系中，每一种商品都有一个"价格"——购买或出售商品时付出或得到的货币量。一方面，商品中包含一定数量的劳动时间；另一方面，货币代表一定数量的劳动时间。我们能够看到有太多的原因导致二者之间在数量上的不一致。一件商品可能按照高于或低于自身价值的价格来出售。比如，为生产一张桌子所需的原料和生产方式的成本为200美元和花费20小时的劳动。假如货币价值为每一单位美元1/15小时，那么这一劳动时间代表的是300美元。假如这张桌子的实际售价为 500 美元，那么它的价格和价值正好相符。但实际上，这张桌子可能卖 400 美元或者 700 美元，低于或高于桌子自身的价值。

在个别商品领域出现的商品价格与价值不相一致的原因是市场当中买者与卖者之间的关系。实际的交换比率取决于买者和卖者的议价能力。假如卖者有着更多的信息，或者垄断力量，或者政府的保护，或者存在商品的短缺，价格趋向于更高。类似地，如果买者拥有更多的信息，或者卖者之间的竞争激烈，或者市场上充斥着同类产品，价格则趋向于较低。即使在生产者之间存在完全竞争，也没有理由期望商品的价格与其自身的价值相等。我们将在第八章当中看到，资本间的竞争导致的不同生产部门利润率的平均化趋势是导致商品价格与价值相背离的有力的、普遍的、深刻的因素。利润率是剩余价值与预付资本间的比率。因此，如果不同产品每一单位劳动时间所需的资本数量不一致，为了实现利润率的均等化，价格与价值的背离就成为必然。

从劳动价值论的角度看，我们可以将价格与价值的背离看成是"劳动时间的不等价交换"，因为参与交易的一方能够获得比他所付出的价值更多的价值。当价格与价值恰好一致时，我们称之为是"劳动时间的等价交换"，因为在这类交易中参与交易的双方得到了与其付出的价值相等的价值。"等价交换"或"不等价交换"在这里仅是指交易过程的结果和交易参与双方的价值运动。即使交易双方处于完全平等的地位，如同自由竞争中的资本主义企业被认为的那样，结果仍然可能是劳动时间的不等价交换。在本书中，我所说的等价交换或者不等价交换指的就是劳动时间的等价交换或者不等价交换。

应当注意的是，即使不等价交换也并不违反交换过程，只是保存价值这一原则，因为一方所得即为另一方所失，价值总量并不会因为不等价交换的存在而发生变化。可能出现的不等价交换与全部商品价值是生产商品所耗费的劳动时间之和的观点之间不存在任何的矛盾。当我们加总或平均所有商品的价值时，不等价交换问题就不存在了；在加总的条件下，新增的货币价值与总的社会必要劳动时间就完全一致了。

七　货币形式和货币价值（《资本论》1.3.1）

一旦我们认识到"价值的货币形式"内生于商品关系，我们就需要了解不同的货币形式，也就是说，那些演化成承担货币职能的各种不同的社会手段。马克思的注意力主要集中于体系问题上，在这些体系中，某些商品，如黄金，转化为一般等价物，这种商品被称为货币商品。当某种生产出的商品成为这样的一般等价物时，一定数量的货币商品就会被定义为货币单位。马克思将这样一种货币单位称为是"价格标准"。

任何商品所能换得的黄金的数量取决于该商品中所包含的劳动时间和一盎司黄金中所包含的劳动时间。因为劳动时间会经常地随着技术进步而发生变化，所以商品的黄金价格也经常处于波动当中。

价格标准，如美元所对应的黄金的数量，是由社会决定的，在早期是由政府规定的（这一点与重量单位的制定很相像）。在金本位制国家中，政府规定一美元兑换 1/20 盎司黄金。要知道商品的美元价格，我们必须首先了解与商品的价值量等值的黄金数量，然后再使用约定的、合法的美元与黄金之间的兑换比例将商品价值换算成以美元表示的价格。

例如，假定黄金和其他商品按照它们各自的价值进行交换，1 盎司黄金包含 10 小时的劳动，1 蒲式耳小麦包含 2 小时的劳动，那么 1 盎司黄金能够买 5 蒲式耳小麦。假如 1 美元折合 1/20 盎司黄金，那么 1 蒲式耳小麦的价值就将是 4 美元。

货币价值的决定问题在货币商品体系中可以得到很好的解决。每一单位美元代表一定数量的黄金，每一盎司黄金代表一定数量的劳动时间，这样就在货币单位、黄金和社会必要劳动时间之间建立起了联系。（在一些因素的干扰下，当黄金按照高于或低于自身价值的价值与其他商品之间进行交换时，三者之间的比例就会发生相应的变化。）需要注意的是，货币价值理论与价格的货币数量论是完全不同的，也就是说，商品的货币价格与现有货币的数量是不成正比例的。对于马克思而言，商品的货币价格与货币商品中包含的劳动时间成反比例变动，与单个商品中包含的劳动时间成正比例变动，而这都与现存的货币商品的数量无关。

在一个一般等价物只是抽象记账符号的货币体系当中，比如，在一个美元与黄金之间不存在约定俗成或者法定兑换比例的货币体系当中，货币价值由商品生产者自身的定价决定来决定。

八 货币的流通和贮藏(《资本论》 1.3.2.a, 2b, 3a, 3b)

在货币商品体系中,流通中需要多少货币量才能保证商品的正常流通?从马克思的角度看,商品价格由商品的生产条件决定,全部商品价值流通所需要的货币量由生产条件和商品的数量来共同决定。在给定的时间里,完成这些交易所需的货币量依赖于一定期限内单位货币所能完成的交易量,即货币的流通速度。假如每一单位货币在一年中可以参与10次商品交易(在一项交易中收回,在另一项交易中支付出去),假如待售商品的价格总额为3万亿美元,那么就需要3000亿美元来完成所有的交易。如果在交易过程中,信用发挥着重要作用,那么这样一种在传统的经济学当中被称为是货币的数量方程式的关系就必然会被改变。

在价格的货币数量论中,货币数量方程式是得出商品价格与货币数量之间成正比例变动这样一个结论的基础,前提是货币流通速度和商品的价值量都不发生变动。与此相反,马克思认为,货币数量等式只是决定完成商品流通所需要的必要的货币量。马克思的这样一种看法会导致如下问题的产生,假如流通中需要更多货币,从哪里可以得到?假如商品流通减缓或者货币的流通速度上升,过多的货币会去哪里?

马克思通过对"货币贮藏"的说明解决了上述问题,货币贮藏指的是一部分货币商品退出流通转化为贮藏货币。经济中商品流通所需货币数量的变化会引起贮藏货币的数量发生变化,或者吸收或者释放一部分货币商品以使得商品的流通不受货币的阻碍。这一构想与价格货币数量论之间存在尖锐的对立,货币数量论假设货币需求稳定,这种假设排除了闲置存储货币商品以这种方式进行调整。

在一个不存在货币商品、充当商品价值度量手段的只是抽象的记账单位的货币体系中,如20世纪晚期的资本主义经济,对于如何使支付手段适应于流通需要这一问题是一个信用的扩张或紧缩问题,而不是一个贮藏货币的增加或减少问题。尽管这样,马克思对于货币数量的研究方法仍具有重要的理论意义。它表明,即使在一个以抽象的价值符号为主的货币体系中,信用工具也可以作为支付手段,但在解释货币现象时仍应从流通中所需要的货币商品出发。这与货币数量论研究货币现象时采用的顺序是完全不同的，货币数量论认为商品流通是通过变动价格水平来适应货币数量的变动。

马克思关于货币价值决定的理论与货币数量论的货币价值决定理论有着明显的差异，认识到这一点很重要。在货币商品体系中，货币的价值由生产货币商品所花费的劳动时间决定，也由价格标准来决定。流通中所需的货币量由商品流通所需决定。在马克思的理论中，对于货币本身而言，更多或更少的货币数量自身对于货币价值没有系统性的影响。

九　货币商品体系中的纸币（《资本论》1.3.2c）

马克思使用一般货币均衡理论分析了19世纪货币理论当中存在的突出问题。其中一些问题，如对于流通中不可避免的损耗，保持金币足值问题，我们无须耽搁。但马克思对于由国家发行的没有一定数量的黄金作为准备金的纸质货币问题的分析，我们怀有很大的兴趣。

当国家，通常是在为战争融资的压力下，开始印刷纸币以支付其账单，并且延迟以固定的比率将这些纸币兑换为黄金时，问题就出现了。这方面有两个非常突出的案例，一个是拿破仑战争时期英国大量发行纸质英镑的问题；另一个是美国内战时期政府大量发行美元的问题。马克思在分析了银行学派的货币理论之后，在黄金作为一般等价物和价格标准的前提下，分析了这两个案例。在这样的前提下，商品的黄金价格就会同时受到黄金和商品生产条件的限制，而不用考虑纸币的发行问题。马克思认为，少量的纸币发行能够被商品流通所吸收，商品生产者总是会将自己得到的纸币很快地支付出去。少量发行的纸币能够按照其票面价值流通，也就是说纸质美钞和黄金美钞有同等的价值。假如政府发行了过多的纸币，商品生产者就会尽力避免过多地持有纸币，并将持有的纸币尽快兑换为黄金。这样就会形成一个纸币和黄金的兑换市场和兑换价格，即纸币对黄金的兑换率。比如，当纸币美元的价格下降50%，购买同样数量的黄金美元时就需要付出双倍的纸币美元。而以纸币美元标价的商品的价格也会因此而发生相应的变动。假如1蒲式耳的小麦的价格为4（黄金）美元，纸币兑黄金的兑换率为50%，那么这1蒲式耳小麦的价格就为8（纸币）美元。

在上述例子中，政府发行过多的纸币改变了纸币和黄金之间的兑换率，推高了以纸币美元标价的商品价格。这样一个结论与货币数量论关于货币供给增加会导致价格上升的结论一致。但是在分析的过程上二者存在明显的差别，货币数量论认为无论是纸质货币还是黄金，货币供给的增加都会导致商品价格升高。更进一步地，货币数量论将商品价格上升的原因归结为商品生产者为了花掉手中持有的过多货币而形成的对商品的过度需求。而马克思对价格上涨效应的分析仅局限于纸币；另外，纸币的发行对于商品的黄金价格也没有影响。在马克思的理论中，纸币价格的变动一般来说与商品市场上的过度需求无关，因为纸币价格的变动是通过纸币兑换黄金市场实现的；纸币价格的变动只是纸币与黄金兑换率变动的结果。

然而，这样的分析并不能作为对今天不存在货币商品的货币体系展开分析的基础。马克思上述分析的本质在于，在讨论纸币发行问题时，黄金仍然作为一般等价物在发挥作用。在今天的货币体系当中，不存在这样一个可以和纸币进行兑换的货币商品。

十　国际货币关系（《资本论》1.3.3c）

马克思在《资本论》第Ⅰ卷中总结他关于货币问题的分析时说，从一般等价物的理论中可以推出，当所有国家都采用同一种商品作为一般等价物时，世界货币也就产生了。比如，不同国家生产工人的劳动时间都用一定数量的黄金来表示。这样的话，黄金就越出一国的国界在世界范围内度量劳动时间，价值规律便在世界市场上发挥其作用。

在如今的货币体系中，每个国家货币标准的价值依赖于本国商品生产者制定的价格，而没有一个可比的单一价值度量手段。不同国家间劳动时间的比较依赖于国际兑换市场上不同国家间货币的交易。

货币理论对于马克思其他部分的分析具有十分重要的意义，因为货币理论建立起了货币作为价值度量手段和劳动时间之间的联系。马克思研究货币理论的主要目的是要表明，将货币看成是劳动时间的代表是可能的，表面上存在的矛盾是可以解释的。马克思通常认为，总是存在一个有效的货币商品体系，生产货币商品所需要的劳动时间决定了货币的价值。这样在价值的货币表现和劳动时间之间就可以自由地进行转换。这样，马克思就揭去了货币体系表面神秘的面纱。

十一　有价格的非劳动生产物（《资本论》1.3.1）

　　商品理论和劳动价值论共同形成了对商品生产社会中经济关系基本特征紧凑而一致的分析。但是，在商品生产社会中，一些经济现象乍看起来却与劳动价值论相矛盾。在这类现象中最重要就是那些并非劳动生产但仍具有价格的东西。土地就是一个典型的例子，土地的所有者通过威胁将生产者从土地上赶走而占有土地的租金，即使这块土地还未经任何劳动改良。同样，埋藏于地下的自然资源（如煤炭、石油等）还未经任何开发已经具有了价格，这是土地租金的一种特殊形式。

　　劳动价值论对于这类问题的分析一般认为，价值和货币形式根源于生产和生产采取的商品形式。一旦商品和价值形式存在并得以发展，经济代理人之间就并不只是为买卖而转移价值。这样一种不以商品的买卖为内容的价值的转移并不创造新的价值。因而，它只是构成经纪代理人之间已生产价值的再分配。

　　从这一点来看，土地租金的产生是因为土地所有权赋予了所有者可以将其他生产者排除在土地利用之外的权利。这样一种权利允许这个所有者从生产者那里获得一部分剩余价值，这也就是土地租金的来源。

　　马克思的劳动价值论认为，表面上看起来相似的现象，如商品的出售和土地的出租，实质上分析时的理论基础是不同的，解释时所遵循的原则也是不同的。假如我们希望明白商品生产的价值关系，我们就需要首先将注意力集中在生产的全部条件和诸如劳动生产率这些因素上。假如我们希望了解那些并非劳动生产物的价值关系，我们就不应关注于生产，而是应关注这些物的所有权及其相关权利，以及这些权利赋予其所有者在交易中的地位。商品的价值反映一个社会实际生产过程的某些方面，而土地的租金主要反映的则是对社会劳动产品分配控制权的斗争。

十二　商品拜物教（《资本论》1.1.4）

　　产品采取商品的形式赋予了生活于其中的人们一种怪诞的认识。一方面产品采取商品的形式是生产的一种社会形式，产品的交换在整个社会范围内形成了劳动的广泛分工，使得每一个人在生活和生产手段的获得上高度依赖他人。商品形式创造了一个合作的巨网，也导致了人们间的相互依赖；另一方面，交换过程也制造一种自我依赖的幻象，它允许和强迫人们按照人与物而不是人与人之间的相互关系来解读自身的存在。结果就是物被看成人，人被当作物。商品关系趋向于使人们机械地而不是按照主体间的方式看待他人，使人们趋向于在人与物之间建立起个体的和情感的联系。

这样一种古怪但又普遍存在的扭曲的意识被马克思称为是"商品拜物教"。这一观点是马克思一生中对现代社会异化现象巅峰水平的论述。商品拜物教理论将异化现象看成是商品生产条件下特殊的社会关系造成的结果。

商品拜物教在人们的意识中有着普遍深入而又扭曲的影响，引申出了深远的结论。正如马克思在许多地方特别是在《政治经济学批判》中强调过的那样，关于社会关系看法的彻底的转变要求人们超越商品形式本身，去发现人们在生产上形成的相互关系，而不仅仅关注于特定的商品分配结果。对于马克思而言，人类解放的最终目标——社会主义社会会建立起一种崭新的生产关系，在社会主义生产关系下，人们与社会产品之间的联系不再依赖于商品和货币的媒介。当我们认识到我们是如此无能为力、是如此深深依赖商品来满足我们的需要并协调我们的矛盾时，我们就会认识到这样的看法是多么重要。这种新型的社会关系，仅对于那些人品从高度发达的商品生产的典型特征而发生根本改变的人可行。人们考虑的不再是个人的发展和个人财产的增加，在很大程度上，人们将会本能地理解和忠诚于社会的再生产。人们不需要再例行公事般地从事社会生产，不需要在难以生存或生活的胁迫下劳动，不需要在财势显赫、地位崇高、物质享受的诱惑下工作，而只需要简单地知道社会生活需要社会劳动。这样的看法和商品生产的现实表明的规律性之间的矛盾可以解释我们今天这个时代的大多数痛苦和冲突。对于此，马克思仅仅给出了这样的安慰：这是人类成长过程中必须经历的苦痛。

第三章
资本和剩余价值理论

一　资本理论和价值理论

马克思对劳动价值论和商品理论进行了发展，这样一种发展使得对资本主义生产特殊性的研究成为可能。资本主义生产通过交换在整个社会范围内将人类劳动组织起来，这属于一种特殊的商品生产，它依赖于货币形式的出现。现在的问题是，我们需要准确地了解如何将资本主义生产与一般的商品生产联系起来。

资本主义企业的运营是为了赚取利润。他们为了获得比他们的投入货币更多的货币而卖出商品。经过整个过程，资本家占有了剩余价值。那如何在劳动价值论的基础上解释这一现象呢？

二　商品循环（《资本论》1.4）

如果试图仅从商品的角度来分析资本主义生产过程，我们就会误入歧途。让我们来思考这样一个商品生产过程：相互独立的生产者购买各种投入品，用他们自己的劳动进行生产，最后按照产品中所包含的价值出售产品。我们可以利用下面这个公式来说明在这一过程中商品和货币的运动：

$$C—M—C' \tag{3.1}$$

商品生产者从自己生产的产品 C 开始，通过出售 C 获得一定数量的货币 M，再用这部分货币去购买他需要的其他商品。所购买的商品的价值 C′ 与商品生产者出售的商品的价值 C 相等。这样一种交换背后的动机不是任何商品生产者占有的价值的变化,而是他可以消费的使用价值的质的变化。

当我们这样看待商品流通过程时,就会发现当一轮交换过程结束时,整个过程也就结束了。一旦商品生产者换得了他自己所需要的一系列商品时,任何别的交换也就没有理由再发生。假如交换过程仍在继续,其理由也一定在这一过程之外了。比如,商品生产者一夜醒来,发现商品 C 仍不是其消费所需,就不得不再次去进行交换。

另外,在这一过程中没有剩余价值出现。对于单个商人而言,也许他足够聪明打算通过低买高卖这样的不等价交换方式来占有剩余价值。但无论如何,一人所得即为另一人所失,流通中不会创造新的价值。生产者耗费自己的劳动创造价值,但一般而言,在交换过程中他们不能够得到比自己所付出的劳动时间更多的价值。也就是说在这种条件之下,无法解释以普遍的剩余价值占有为目的的资本主义生产。

同时也注意到,唯一的价值积累在上述过程中表现为代理商经过一段时间的低买高卖后占有了更多的价值。中间的差额以累积的货币形式被代理商占有。但是这样一种从商品流通中抽出的累积的价值只是代理商节欲的结果。当代理商最终花掉他的这部分积蓄时,他将这部分价值重新投入流通并从流通中取得等值的商品(假定在这一过程中货币的价值没有发生变化)。从整个系统来看,这里不存在积累过程。

三 资本主义生产(《资本论》1.4,1.5)

与之不同,我们考察的是资本主义生产过程。一个资本主义企业的生产从货币形式的价值开始,用这部分货币去购买商品,这些商品在生产过程中彼此结合生产出新的商品,并出售新生产的商品以获得比初始投入价值更多的货币。马克思用这样一个公式来表达这一过程

$$M—C—M' \tag{3.2a}$$

$$M—C\{MP, LP\} \cdots (P) \cdots C'—M' = M + \Delta M \tag{3.2b}$$

第一个公式是关于资本主义价值运动的最简单的表达形式。它表明资本主义生产为卖而买和出售商品获得的价值大于其开始时付出的价值的特性。第二个公式则是一个更详尽的表达。购买的商品被投入生产过程(P)中,作为生产资料的部分用 MP 代表,购买的劳动力用 LP 代

表，最后是新的产品被生产出来和出售，以获得较初始时更多的货币（最初投入的部分用 M 表示，剩余价值用 ΔM 表示）。

这样一个公式可以直接地表达一个资本主义企业的收入、利润或者损失情况：

销售额	$M' = M + \Delta M = C'$
减去 投入的成本	$M = C$
等于 总利润	ΔM

(3.3)

资本循环背后的动机是清楚的，就是获得一个比 M 更大的 M′，也就是说，在这一过程结尾部分的价值要大于初始时的价值。资本主义生产对特定的使用价值根本不关心，它的主要目标是从整个资本的循环中获得剩余价值。

有趣的是可以注意到，即使在第一阶段，M—C—M′这个循环也不会到达终点，而是再生产出导致循环产生的最初的条件。这一循环从一定数量的货币 M 开始，当这部分货币作为资本被投入流通过程时具有了增值的可能性。这个循环的末尾部分也是一个货币量 M′，它同样具有再次增值的可能。这里不需要再找出额外的理由来说明这一过程无限重复进行下去的原因了。

问题的关键在于剩余价值来自哪里，如何在劳动价值论的基础上解释剩余价值的出现。显然，单个资本家通过不等价交换获取剩余价值无法有效地解释上述问题。如果我们认为资本主义生产是社会化的生产组织方式，那么就必须说明社会剩余价值是如何在资本主义生产方式中产生的，所谓的社会剩余价值指的不是任何一些商品生产者失去而另一些人得到的部分。资本家在资本循环之外所购买的商品，平均来说是按其价值来购买的，他出售的商品平均来说也是按其价值出售的。

解决上述困惑的唯一办法是假设在资本家所购买的商品中存在一种商品其具有这样一种能力，即他的耗费可以创造出新的价值。假如这种商品的耗费可以创造出高于自身价值的一个价值，也就是说，他增加在商品上的价值高于资本家为其支付的价值，我们就有可能解释剩余价值的来源。劳动价值论这时候告诉我们，具有价值创造能力的商品一定是可以从事有用劳动的工人的劳动能力。

四 劳动力商品（《资本论》1.6）

马克思强调，我们必须区分劳动力和劳动这两个概念。劳动力是指从事或者潜在地从事生产活动的能力，劳动则是指劳动能力的实际耗费。假如劳动力作为商品出现在市场上，假如从劳动力中获取的劳动超出了资本家为劳动力支付的价值，我们就能够很好地理解剩余价值来自哪里了。这样一种解释与劳动价值论是完全一致的。所有的商品，包括劳动力商品都是按其价值进行买卖的，价值只能通过劳动力在生产过程中的耗费来创造。

这样一种解释可以帮助我们准确地了解当资本家购买工人的劳动力时，在资本家和工人之间到底发生了什么。资本家按照劳动力的价值向工人支付工资，工人则为资本家劳动。一旦这样的协议达成，工人就无权再要求获得产品或产品价值的任何一部分。当然，这并不妨碍工人和资本家之间就劳动耗费的相关条件展开进一步谈判，如工人的劳动强度，机器的速度，工作环境是否安全或者有毒等。

以上分析清楚地表明了在资本主义生产中劳动力是如何导致剩余价值出现的，而劳动力作为商品出现也是一个充满动荡和冲突的历史过程。

马克思说明了劳动力成为商品、成为获得双重解放的工人的"历史"条件。首先工人必须能够自由地支配自己的劳动能力。这样，劳动者就不会再被束缚于某种特定的生产活动，就像农奴给领主干活那样，也不会再被束缚于某一个具体的主人，就好比奴隶为奴隶主干活那样。劳动力作为商品的出现是历史上旧的强制性的奴役劳动解体的必然结果。

其次，工人的自由还有另外一面。工人只有在不能为自己劳动时才会将自己的劳动力出卖给他人。这样，工人必须在以下意义上才是自由的：工人没有任何生产资料可以用于生产自身可拥有的商品并将它交换出去。在历史上这意味这样一个阶级的出现，这一阶级不能为自身提供自有的生产资料，只能将自身的劳动力出卖给那些为他们提供必需的生产资料的人。这一过程主要是通过圈地、土地改革、农业革命等方式将农民从他们传统耕作的土地上驱离来完成的。

五 劳动力商品的价值（《资本论》1.6，1.7，1.9）

资本家花费一定数量的货币，也就是工资，购买工人的劳动力。工资就是劳动力的价格。正如我们前面已经看到的，货币是价值的表现形式。那么我们可以认为以货币形式支付的这部分工资同样代表着一定数量的社会必要劳动时间。劳动力商品的价值从这种意义上来说，是一个与工资相等的劳动时间：

$$w^* = mw \qquad (3.4)$$

w^* 是劳动力商品的价值，等于工人每小时劳动可以获得的社会必要劳动时间，m 是第二章当中所定义的货币价值；w 是货币工资，等于工人接受的每一小时劳动所能获得的货币数量。比如，工资是每小时 5 美元，货币的价值是每一美元代表 1/15 小时，那么劳动力商品每一小时的价值就是（5 美元/小时）×（1/15 小时/美元）= 1/3 小时社会必要劳动时间。

货币工资与劳动力价值相等只是在平均或者事后意义上而言的。可能在有些情况下，实际工资与我们所认为的正常工资水平并不相等。如果是这样，劳动力的价值等于正常的工资水平乘以货币的价值，实际工资就会低于或高于劳动力商品的价值。在这种情况下，会出现劳动力商品的不等价交换。马克思并不排除劳动力市场当中不等价交换情况的出现，但他在解释剩余价值占有问题时假设劳动力是按照其价值进行交换的。

围绕工资进行的讨价还价只能够为工人提供一个劳资协商一致的货币工资，但却不能提供对于资本家部分产品的要求权。另外，作为一个阶级，工人能从社会总产品中购得一部分他们需要的产品。这样在资本主义生产过程中新创造的价值就可以分为两部分：一部分是工人以工资的形式得到的部分，另一部分是交到资本家手中的剩余价值。劳动力价值代表了新增价值中归属于劳动者的那部分。我们还可以用剩余价值与工资之间的比率，马克思称之为"剩余价值率" e，来表示新增价值的这种分割：

$$e = 剩余价值 / 工资$$
$$= (1 - w^*)/w^* = (1 - mw)/mw \qquad (3.5a)$$

$$w^* = 1/(1+e) \qquad (3.5b)$$

新创造的价值划分为工资和剩余价值,这是资本主义生产的特点。所有的商品生产都表现为这类新创造的价值,这也反映出在商品生产过程中社会劳动者采取了价值形式这一事实。但只有在资本主义条件下,只有在劳动力成为商品被买卖的情况下,新创造的价值才会被分割为工资和剩余价值这两部分。

六 剩余价值和无酬劳动(《资本论》1.10)

马克思使用了一个有力的比喻来说明劳动力作为商品出现的社会意义以及劳动力的价值为什么通常小于1,或者说剩余价值率为什么通常大于0。他要求我们将整个社会的全部劳动时间看作是一个大"工作日",这代表了整个社会的劳动时间,尽管我们也可以将其看成是普通劳动力的一个工作日。这样一个工作日由一定数量的实际用于生产的社会必要劳动时间构成。由于在马克思的理论中,就总和而言,劳动时间与新增价值之间存在对应关系,工作日也可以被看成是新增价值的总和。

由于劳动力价值相当于小于1小时社会劳动时间的等价物(相当于工人1小时实际耗费而获得的),我们可以认为劳动力商品的价值将整个工作日划分为两部分,或者说将新创造价值划分为两部分(见表3.1)。如果我们考虑新创造价值的划分,新创造价值可分为工资和剩余价值两部分。如果我们考虑工作日的划分,第一部分工作日是工人的劳动耗费得到报偿的那部分工作日,第二部分工作日(对应的是剩余价值)是工人的劳动耗费没有得到任何报酬的那部分工作日。马克思将这两部分分别称为"有酬劳动时间"和"无酬劳动时间"。这样的话,剩余价值是无酬劳动的结果。

表3.1　　　　　　　　资本主义劳动时间

有酬劳动时间	无酬劳动时间	工作日
工资(可变资本)	利润(剩余价值)	新创造价值
必要劳动	剩余劳动	劳动力再生产
劳动力价值		

马克思的意思当然不是说在小时工资制里，工人被迫以零工资为资本家工作数小时。每一小时工人的"劳动力"都会按照劳动力每小时的价值得到工资。但并不是每一小时的"劳动"都能得到报酬，因为劳动力的价值小于1。假定货币的价值为每一美元1/15小时，平均工资为每小时7.5美元，那么劳动力每小时的价值就为1/2小时社会必要劳动。一个工人平均一天工作8小时将会创造120美元（8小时×15美元/小时）的新价值，获得的工资为60美元（8小时×7.5美元/小时）。一个拿到平均工资的工人即使每一小时都按照工资率获得了工资，但也只是有4小时的劳动获得了报酬，有4小时的劳动没有获得任何报酬。

马克思旨在假定整个社会再生产，包括劳动力的再生产，都是通过商品交换进行的。对于社会简单再生产而言，我们可以将生产者生产自身消费品的劳动称为是必要劳动，将资本家以剩余价值形式占有的那部分劳动称为是剩余劳动。这样一种雇佣劳动制度使得资本家成为不向工人阶级支付任何等价物而占有其剩余劳动时间的一个阶级。

一人向另一人提供一些东西而得不到任何等价物，这种情况就称为"剥削"。这正是资本主义的实际情况，马克思从劳动价值论的角度认为，剩余价值就源自对劳动者的剥削。

假如不接受劳动力创造全部新价值这样一个基本原理，那么也就不会明白主张雇佣劳动具有剥削性的基础。我想这正是在正统经济学家那里劳动价值论不被重视的一个主要原因。为了避免给资本主义生产关系戴上"剥削"的帽子，其他一些价值理论开始出现，它们主张工资是全部劳动的报酬。

七　剩余、剥削、阶级和剩余价值

在社会剩余产品（或剩余），剩余价值、资本主义剥削等概念之间的关系上存在许多混乱，有必要加以澄清。

每一个处于发展和变化中的人类社会都需要生产出剩余产品。假如一个社会仅能以原有规模进行再生产，发展和进步的空间也就不存在了。

在众多人类社会中，特别是那些留下历史记录的人类社会中，社会的剩余产品总是按照一定的机制被某些阶级所占有。比如，在奴隶制社会中，奴隶的全部劳动都在奴隶主的控制之下，因而奴隶的剩余劳动及其产品直接归奴隶主所有。在封建社会，农奴的剩余劳动时间通过要求农奴每年在地主的土地上耕作一定时间的方式被地主占有。这样地主可以通过直接占有自己土地上的产品而占有剩余劳动。那些建立在一部分人占有剩余产品基础上的社会，马克思称之为阶级社会。不同的阶级社会有着不同的剥削劳动者的方式。

马克思认为资本主义社会是一个阶级社会。资本家通过雇佣劳动制度占有工人的剩余劳动。由于劳动和劳动力之间的区分难以察觉，雇佣劳动制度就掩盖了剥削这一事实。资本家阶级之所以能够支配社会剩余劳动时间是因为他们占有剩余价值。

对于如何终结资本主义剥削，存在两种完全不同的认识。一方面，假如我们试图通过提高劳动力价值来使得劳动者占有自身所创造的全部价值的方式来消灭剥削，我们将会摧毁社会创造剩余产品的能力，因为剩余价值是剩余产品在资本主义条件下采取的一种形式。另一方面，如果我们希望在维持或强化一个社会生产剩余产品的能力同时消灭剥削，我们就不得不改变生产的基本组织，使得社会的剩余产品不再采取剩余价值的形式。这样一种区别对马克思来说非常重要，他花费了大量的时间和那些主张在不改变雇佣劳动形式的基础上解决剥削问题的"社会主义者"进行斗争。

一个可行的不断发展的社会主义社会也应创造社会剩余产品，不仅要满足现时社会的需要，还要满足整个社会生产资源扩大的需要。作为结果，工人在社会主义社会不能够直接占有全部产品。这是否构成社会主义条件下对工人的剥削呢？答案依赖于对社会剩余支配机制的分析。它是被一个阶级以或高或低的效率所占有或支配，还是被工人作为一个整体来占有或支配。一个简单的事实是，不能以工人不直接占有全部产品为工人遭受剥削的证据。

八　资本再生产和社会再生产

正如我们前面所提到的，在《资本论》当中，马克思似乎认为商品关系是资本主义社会再生产包含的仅有过程。从马克思将资本主义工作日中的有酬部分看成是社会再生产的必要劳动时间可以特别清楚地看到这一点。作为整体的社会再生产和社会再生产中直接由资本主义生产关系产生的那部分再生产的区别成为 20 世纪许多重要政治运动关注的焦点。社会再生产的一个重要部分是在资本主义生产关系之外进行的。在资本主义劳动之外进行的最重要的那部分劳动，在发达资本主义国家中是家庭生产和家务劳动，在欠发达的资本主义社会中是传统的农业生产。另外，在发达资本主义社会中，工人消费的一个重要部分越来越靠国家完成。因此，社会性消费（公共教育，社会福利和退休金，公共卫生、国家支持的社会医疗保健制度等）在工人的再生产过程中发挥着重要作用。

我们需要修正马克思关于工作日划分的思想来反映这一变化。在表 3.2 中，工作日被划分为有工资的劳动部分和无工资的劳动部分。劳动力的价值狭义上仅被用于将工作日中的有工资劳动部分划分有酬劳动部分和无酬劳动部分（请牢记无工资劳动与无酬劳动是不同的）。

表 3.2　　　　　　　　社会劳动时间

无工资劳动	工资劳动		工作日
	有酬劳动时间	无酬劳动时间	
	工资 （可变资本）	利润 （剩余价值）	新增价值
必要劳动		剩余劳动	劳动力再生产
劳动力商品价值			

社会必要劳动时间现在包括了必要的无工资劳动时间，因而在量上就大于有酬劳动时间。有酬劳动中的一部分是由工人通过向国家缴纳税收和消费国家提供的产品而进行的社会性消费。这部分属于有酬的有工资劳动日中的一部分。

九　劳动力价值的再讨论（《资本论》1.6）

马克思劳动价值论的其他方面也引起了极大的误解。我们认为劳动力商品的价值是劳动者接受的社会劳动时间的数量，并采取工资的形式与劳动力进行交换。马克思经常假设商品按照他们各自包含的劳动时间进行等价交换，强调了劳动时间直接蕴含在劳动力商品当中：

> 同任何其他商品的价值一样，劳动力的价值也是由生产从而再生产这种特殊物品所必需的劳动时间决定的。就劳动力代表价值来说，它本身只代表在它身上物化的一定量的社会平均劳动。劳动力只是作为活的个体的能力而存在。……。假设个体已经存在，劳动力的生产就是这个个体本身的再生产或维持。活的个体要维持自己，需要有一定量的生活资料。因此，生产劳动力所需要的劳动时间，可化为生产这些生活资料所需要的劳动时间，或者说，劳动力的价值，就是维持劳动力所有者所需要的生活资料的价值。（1867，pp. 170 – 171）①

在等价交换的假设下，采用这样的方式表达没有任何问题。工人以工资的形式获得一定数量的货币，这部分货币以货币价值为媒介代表了一定数量劳动时间的等价物。由于等价交换的假设，无论他们用工资去购买何种商品，这些商品都包含了与其价格成一定比例的一定数量的劳动。因此，工人实际以商品的形式消费了与他的工资所代表的劳动量相等的劳动。

然而，假如我们面对一个不等价交换的情况，此时工人使用其工资所购买的商品的价格将不再准确地反映商品中所包含的劳动。工人也许消费比他的工资所代表的劳动时间更多也可能是更少地包含在商品中的劳动时间。因为，他们会像商品经济中的其他人那样，从不等价交换中有所收获或有所失去。

这样的话，劳动力的价值首先是工人凭借他们实际付出的每小时劳动得到工资进而获得一定数量的社会平均劳动，这部分社会平均劳动的数量等于社会平均工资与货币价值的乘积，而不是工人所消费的商品当中包含的劳动量，认识到这一点是十分重要的。

从长期的角度来看，假定劳动力商品的价值主要由工人维持社会平均的生活水平的费用决定是合理的，正如马克思在下文中所提到的那样：

---

① 译文引自《马克思恩格斯全集》（第 23 卷），人民出版社 1972 年版，第 193—194 页。——译者注

> 所谓必不可少的需要的范围，和满足这些需要的方式一样，本身是历史的产物，因此多半取决于一个国家的文化水平，其中主要取决于自由工人阶级是在什么条件下形成的，从而它有哪些习惯和生活要求。因此，和其他商品不同，劳动力的价值规定包含着一个历史的和道德的因素。但是，在一定的国家，在一定的时期，必要生活资料的平均范围是一定的。(1867，p.171)①

也许我们还可以为这段话加上一条，即使在这个国家中不等价交换普遍发生，用于那些必要生活资料的花费也是可知的。

谨慎地对待马克思关于劳动力商品与其他商品相类似的观点是十分重要的。如果从资本主义的角度来看，这一观点基本正确，资本家对于劳动力的兴趣仅在于工资成本的多少以及他能够创造多少价值。但对资本家而言，劳动力与其他商品还是有着重要差别的，特别是在交易完成后，工人和资本家之间还会在劳动强度和劳动条件方面发生冲突。从社会的角度来看，劳动力与其他商品存在着显著的差异。例如，一般来说，劳动力可以在完全不同的没有任何剩余价值占有的生产关系中生产出来。从全社会的角度来看，劳动力的生产是劳动者的生命和他的才能、智力、意识的再生产，是一个比一般商品生产过程更为复杂、更令人敬畏的过程。

十　可变资本和不变资本（《资本论》1.8）

资本家预付的资本主要用于购买劳动力和非劳动力的生产资料，其中也包括那些使用期限很长的设备和厂房。在资本家看来，这两类支出对于利润的生产而言是同等重要的。

劳动价值论认为，从社会的角度来看，这两类预付是不同的。以非劳动力形式存在的那部分资本其价值在产成品的价格中出现时，没有变化。以劳动力形式预付的那部分资本，其价值在产成品中再现时，其价值已经由于无酬劳动带来剩余价值的原因而增大了。马克思将劳动力之

---

① 译文引自《马克思恩格斯全集》（第23卷），人民出版社1972年版，第194页。——译者注

外的生产资料部分称为"不变资本",因为这类资本在生产过程中并不改变自己的价值量。他将预付的用于购买劳动力的那部分资本称为"可变资本",这部分资本在生产过程中改变了自身价值。

假定在一年中,一家普通的资本主义企业要预付100万美元用于生产资料的购买,其中20万美元用于购买厂房和机器设备,80万美元用于购买原材料,另外,资本家还需要预付50万美元用于工人的工资。假如,该企业最终出售产品获得200万美元,其中100万美元用于补偿生产中耗费的生产资料即不变资本部分,50万美元是回收的预付给工人的工资即可变资本部分,50万美元是剩余价值。新创造价值等于200万美元减去100万美元,即100万美元。马克思用以下方式表示了商品的价格构成:

$$c + v + s \qquad (3.6)$$

c代表不变资本(本例中为100万美元),v是可变资本(本例中为50万美元),s是剩余价值(本例中为50万美元)。新创造价值为v+s(本例中为100万美元)。

资本家将剩余价值看成是全部预付资本的产物,将二者之比称为"成本的增值率"。成本的增值率q等于:

$$q = s/(c+v) \qquad (3.7)$$

在上例中,成本增值率q为1/3=50万美元/150万美元。

从劳动价值论的角度来看,资本主义体系剩余价值生产的能力主要依赖于剩余价值率$e = s/v$(因为这可以衡量可变资本在生产过程中的增值程度)和"资本构成"$k = v/(c+v)$(因为资本构成反映了全部预付资本中可变资本所占的比例和每一美元所能带来的价值增值)。[马克思经常将$c/v = (1-k)/k$称为"资本有机构成",c/v的上升将会导致资本构成k的下降]。下面的公式将增值率与剩余价值率和资本构成联系了起来:

$$q = s/(c+v) = (s/v)[v/(c+v)] = ek \qquad (3.8)$$

将不变资本和可变资本与"固定资本"(以机器设备、厂房形式存在的寿命较长资本)和"流动资本"(以工资和原材料等形式存在的资本,其价值在生产过程中很快发生周转)区分开十分重要。固定资本的折旧构成不变资本的一部分,但并不是全部,因为预付资本中用于购买原材料和其他易耗品的部分也是不变资本的一部分。工人的工资是流动资本的一部分，但并不是流动资本的全部，因为流动资本中包含了原材料的价值。

为理解当今资本主义生产中这些变量值，我们看下美国人口统计局公布的年度制造业调查报告。这样一个调查要求每一家制造业企业报告其产出的总价值，生产者工资，非生产者工资，生产投入的采购支出以及每年厂房和机械设备的新投资。从这些数字中可以计算出制造业产品价格中 c、v 和 s 三部分的数额。以 1974 年为例，以十亿美元为计价单位，有如下结果：

产成品价值	$c+v+s$	1034.2
生产工人工资	v	125.0
投入	c_1	581.7
折旧（估计数字）	c_2	13.4
不变资本 (c_1+c_2)	c	595.1
剩余价值	s	314.1
新创造价值	$s+v$	439.1

c_1 代表不变资本中价值迅速转移的那部分资本，c_2 代表厂房和机器设备的折旧。

1974 年美国制造业中的剩余价值率（s/v）为 2.51（251%）；狭义的劳动力价值 [$v/(s+v)$] 为 0.28；资本构成 [$v/(c+v)$] 为 0.17（17% 的资本用于劳动力的购买）；成本增值率为 0.44（44%）= 2.51×0.17。在每周工作 40 小时的情况下，约 11.2 小时用于劳动力自身价值的再生产，约 28.8 小时用于生产剩余价值。但是总的预付资本中，只有大约 1/6 用于劳动力的购买。因此，全部所费资本的增值率为 44%：每预付 1 美元通过产品出售可以获得 1.44 美元的回报。

剩余价值率和成本构成的历史变化对于整个资本体系利润的变化有着重要作用，反映着工人生活水平、劳动生产率和生产技术方面的基本变化。

十一　对剩余价值的解释

马克思在劳动价值论框架内对剩余价值来源的解释对于整个资本主义生产的分析最为重要。本质上，马克思余下的工作就是尝试运用这样一个理论来解释资本主义生产的各类现象。

在这样一种关于剩余价值来源的解释中有两个要点：第一，从总的方面来看，商品按照其价值进行交换，因此价值在交换中只是得到保存；第二，劳动力（在市场上出售给资本家的商品）和劳动（生产过程中创造价值的劳动力的实际耗费）是不同的。只要劳动力的价值小于1，剩余价值就会作为资本主义生产制度的结果而出现。大量的劳动者可以自由地出卖他们的劳动力并且没有他们自己的生产资料，正是在这些条件之下，资本家占有剩余价值就成为剥削的结果。工人的工作时间超过了其获得的工资所代表的劳动时间。

由此可以看出，资本主义生产制度尽管表面上建立在所有个体作为财产所有者（即使他们的财产仅是他们自己的劳动力）地位平等的基础之上，但社会剩余产品仅被部分阶级所占有。为了工资而出卖劳动力，剩余价值被占有，就此产生剥削，这也是资本主义生产的特点。资本主义社会就是通过这样一个基本矛盾的过程进行发展并再生产自身的。

十二 新古典经济学的剩余价值理论

有趣的是，新古典经济学也试图在等价交换的框架内解释资本主义生产过程中剩余价值的产生问题。在新古典经济学中，剩余价值（或者说利润）只不过是在不同时期生产的产品和服务交换过程中发生的特例。在新古典经济理论中，资本家只不过是今天买劳动，明天卖产品。因为人们都偏好今天消费而不是推迟消费，今天的商品的价格要高于明天的同样商品的价格。这样的话，假如一个单位的劳动可以交换一个单位今天的产出、一个单位今天的产出因为时间偏好的关系可以交换明天两个单位的产出，对于一个购买一个单位的劳动并将之用于生产，在第二天生产出两个单位的产品（等于两个单位的劳动）的资本家来说，他并不会比一个在今天就消费一个单位产品的工人过得更好。因为这样两个单位的产出（其中包括了马克思所说的剩余价值）存在于不同的时期，它们被看作是一个单位今天产出的等价物。

尽管他们对于相同的问题给出了不同的解释，但他们之间是否矛盾并不清楚。问题在于为什么未来的产品和服务与今天的产品和服务进行交换时需要打折扣。新古典经济学把这个看成是人的心理特别是资本家的心理使然，特别是在充分就业的条件下更是这样。与此相反，马克思理论认为资本主义制度并不存在使用所有可用资源的趋势，资本家的心理是由获取剩余价值的可能性决定的，而不是别的什么。不一致的根源在于不同的价值理论及相应的对商品间交换比例的解释。新古典经济学从消费者主观的角度将商品和服务看成是一定量的等价物，马克思则是从商品中包含一定数量的社会劳动时间这样一个客观的角度将商品和服务看成是一定量的等价物。同样的现象（对剩余价值的占有）能够被看成是主观上的等价交换也可以被看成是客观上的剥削。

第四章

资本主义条件下的生产

一 绝对剩余价值和相对剩余价值（《资本论》1.12）

马克思将资本主义社会的支点看成是对剩余价值的占有，将通过雇佣制度对工人的剥削看成是剩余价值的来源。我们现在将注意力转移到马克思关于资本主义生产的结构性特征对生产技术和生产组织发展的影响的分析上来。

在马克思的分析中，社会剩余价值的产生依赖于两个因素：总的社会劳动时间和有酬劳动、无酬劳动之间的分割比例。分割的依据是劳动力商品的价值。而劳动力商品的价值取决于一定社会一定时间范围内工人的平均生活水平和劳动者生产使用价值的能力，因为这些因素决定了社会劳动时间中用于生产维持劳动力自身生活水平所需要的使用价值的那部分的数量。如表 4.1 和表 4.2 所示，剩余价值的增加既可以通过增加总的劳动时间而维持有酬劳动时间不变的方式实现，也可以通过维持总的劳动时间不变而减少有酬劳动时间来实现，还可以通过同时采用以上两种方式获得。

在给定维持劳动者自身基本生活水平所需的生活资料时，延长总的社会劳动时间而不提高有酬劳动在总劳动时间中所占的比重是可能的，这样的话，劳动者就需要为社会生产多付出一个或多或少的劳动时间。这样，劳动者究竟应该为获得的工资工作多长时间就成为工人和资本家之间斗争的内容。通过增加总的劳动时间而维持有酬劳动时间不变获得的剩余价值，马克思称之为"绝对剩余价值"。

假定工人的生活水平不变，要缩短有酬的社会劳动时间，只能降低生产维持工人生活水平所需商品的劳动时间。在资本主义的生产条件下，这样一种下降的持续发生依赖于技术进步引致的劳动生产率的提高。马克思将通过提高劳动生产率缩短有酬劳动时间的方式获取的剩余价值称为"相对剩余价值"。

二　绝对剩余价值的生产方法（《资本论》1.10）

生产绝对剩余价值最简单的方法是要求工人每天、每周或每年工作更长时间。粗略地估计，将每天的工作时间延长到 10 小时、12 小时或者 14 小时，每周的工作时间延长到 60 小时、72 小时甚至 100 小时不会显著地降低工人的效率，特别是对于重复性劳动，也不会明显地增加工人所需的生存资料。事实上，通过减少可自由支配的时间，延长工作时间在一定程度上可以减少工人的消费需求。延长工人劳动时间的做法在资本主义的早期阶段曾经是非常普遍的。

表 4.1　　　　　　　　　　　绝对剩余价值

有酬劳动时间	无酬劳动时间	→	工作日
工资（可变资本）	利润（剩余价值）	→	新创造价值
必要劳动	剩余劳动	→	劳动力再生产
	劳动力价值		

表 4.2　　　　　　　　　　　相对剩余价值

有酬劳动时间	←	无酬劳动时间	工作日
工资（可变资本）	←	利润（剩余价值）	新创造价值
必要劳动	←	剩余劳动	劳动力再生产
	劳动力价值		

当然，工作日的长度存在着绝对界限。最终工人将会变得疲惫不堪和疏忽大意以至于生产率开始下降，态度变得消极。比如，当他们损坏的机器设备和原材料的价值超过他们生产的有用产品的价值时就是上述状况的表现。然而，在这样一个界限达到之前，工作日长度的唯一界限取决于工人对资本家要求的反抗。

第四章 资本主义条件下的生产

工人反抗过长劳动时间的力量取决于他们与雇主谈判时讨价还价的能力,尤其是工人自己的团结程度。在工业生产领域的劳动时间谈判中,单个工人处于极端的弱势地位,在这一领域,资本家按照一定的轮换时间安排生产。他只给工人两种选择,要么接受这样一个轮班制,要么就根本别工作。对资本家而言,在正常工作日为单个工人破例的成本是高昂的,因为当一个工人或者少数几个工人提前离开时,为了不使生产过程中断,就需要为因这些工人离开造成空缺的岗位寻找替代性工人。工人作为一个团体进行工作日谈判的力量是非常强大的。资本家在长周期轮班制和短周期轮班制之间总是倾向于选择前者,但在短周期轮班制和不生产之间会更喜欢前者。

围绕工作日长度展开的斗争是工业资本主义国家工联形成的一个关键因素。在许多发达国家,围绕正常工作日展开的斗争进行得十分激烈,使得国家不得不出面干预,对工作日长度制定一个标准,并且要求资本家为超时使用工人支付加班费。

延长劳动时间是绝对剩余价值生产最明显的方式。这一方式正在欠发达资本主义国家中重新上演。在那里,存在着刚刚形成的工业劳动力、大量的失业和资本主义之前的反工联的独裁政府,工人反抗超长工作日的能力是非常弱的。

绝对剩余价值生产的另一种方式是减少工作日当中的非工作时间,如茶歇、聊天、休息时间等。这些条款显然也应像工作日长度那样在工人和资本家之间的谈判中确定下来。作为资本家总是希望在维持工人工资不变的情况下尽可能多地榨取工人劳动来最大化无酬劳动时间。

关于工作日长度的斗争背后还涉及了童工和女工,但是利用童工和女工进行绝对剩余价值生产表现得不那么明显。工资是用来换取维持劳动力家庭所需生活资料的来源,而不单单是维持劳动力自身生存的手段。资本家所关心的是整个工人家庭为了换取工资所付出的劳动时间。假如所有的家庭成员都在为工资而劳动,那么维持家庭生活所需工资的增加就可以不像劳动时间那样增加那么多。与向一个每年工作 2000 小时的劳动力支付 15000 美元供其维持家庭中等生活水平的情况不同,资本家可以向同一家庭中的一个劳动者支付 12000 美元,向另一个支付 8000 美元,但占有 4000 小时的劳动。从资本家的角度来看,这也是在增加绝对剩余价值,因为整个社会的劳动时间增加了,但有酬劳动时间却没有相应增加。

家庭劳动力与剥削条件之间的联系对妇女地位的政治斗争及其在劳动力市场中的作用有着重要影响。在19世纪和20世纪早期关于限制和规范对工人剥削行为的斗争中，家庭劳动力与社会工作时间之间的关系被人们认识到。限制和废除对女工和童工剥削的斗争经常与限制工作时间的斗争联系在一起。这一问题最终依靠着最大的男性工会组织与男性资本家的谈判解决，主要通过限制对女工和童工的使用来减轻对工人家庭的剥削。这样就为工人家庭避免过长的工作时间压力提供了保护，但代价是妇女失去了与男人同等进入劳动力市场的权利。

在20世纪余下的时间里，斗争仍在继续。限制妇女和儿童进入劳动力市场的立法被逐步废除。一方面，这使得性别歧视的重要根源被消除了；另一方面，一个家庭向社会提供的总劳动时间也增长了，增加绝对剩余价值的机会重新出现了。一个重要的表现就是双职工家庭成为社会的普遍。

三　相对剩余价值的生产方法（《资本论》1.12）

资本主义生产过程的另一个普遍趋势是剩余价值率的提高。资本主义生产本质上是处于不断变动中的，按照马克思和恩格斯在《共产党宣言》（1848）所说，是革命的。旧的生产方式总是不断被新的方式所替代，这通常意味着一个更大规模生产的出现。其净效应可能是生产现有使用价值所必需的劳动时间的减少，也可能是全新的使用价值对旧的使用价值的替代。这两方面的变化都能够使人们以花费较少生产劳动的全新的方式满足自己的需要。

这一过程对价值的生产具有影响，它会改变给定工作日当中剩余价值与工资的比例或者说是有酬劳动和无酬劳动的比例。假定劳动力的价值由工人维持其家庭平均生活水平所需的生活资料的价值决定，那么生产这些生活资料所需的劳动时间的降低同时就会降低劳动力的价值并提高剩余价值率。

随着劳动生产率的提高，实际工资或工人的生活水平的提高可以与劳动力商品价值的降低同时出现，意识到这一点非常重要。部分提高的劳动生产率可能会增加工人的实际消费，而生活资料也可能变得很便宜，从而使劳动力价值下降。在资本积累的不同历史阶段，这一方式的表现形式有不同的特征。比如，在美国20世纪的头十年，美国的许多资本家都主张提高工人的生活水平，这样做的原因一方面是想为耐用消费品，如汽车，寻找更广阔的市场。另一方面是因为销售的增加可以以更大的幅度提高劳动生产率，进而提高剩余价值率。一些现代马克思主义者将这种现象称为"福特主义"（阿列达，1979）。

四　技术进步：使用价值和价值（《资本论》1.12）

在劳动价值论的框架里，是什么在影响着技术进步，这个问题值得思考。当我们研究马克思关于资本积累过程中利润率下降趋势的分析时，我们将研究这一问题。

在资本主义条件下，技术进步的动力主要来自单个资本家降低其自身生产成本的努力。少数率先发现降低生产成本方法的资本家在或长或短的时间里将会获得超额剩余价值，因为他的产品可以按照其他尚未改进生产技术资本家的产品的价格在市场上出售，但他的成本更低。在劳动价值论中，这部分超额剩余价值是实现创新的资本家通过不等价交换占有的社会剩余价值的一部分。这部分超额剩余价值随着时间的流逝，随着其他资本家发现同样的甚至是更新的降低生产成本的方法而不可避免地下降。最终，生产出来的商品的价格在竞争中将会下降以反映新的较低的生产成本。

并不是所有降低成本的发明都建立在对生产过程中耗费的劳动的节约上。一些技术变化减少了机器和生产工具的磨损和折旧，另一些技术可能减少了生产过程中原材料的耗费，因而降低了生产成本。但许多降低成本的发明确实导致了生产一定数量使用价值所需劳动时间的减少。这些发明一方面导致了价格的下降，另一方面也导致了劳动力商品价值的下降。马克思关注的焦点就是这样一种劳动节约型发明。

在劳动使用价值生产率和劳动创造的价值量之间存在着差异。从劳动价值论的角度来看，尽管同样劳动时间内创造的价值的货币表现会由于货币价值本身的变化而出现变化，但同样的劳动时间所创造的价值数量本身不会变化，也就是说，技术进步不会增加同一小时社会劳动所创造的价值。但是，技术进步能够增加同一小时社会劳动所生产的使用价值，如汽车、食品等的数量。劳动价值论的一个基本观点是技术进步通过减少生产商品所需的社会劳动而对商品价值的降低有着重要的影响。

这也表明技术进步对于降低商品价格具有根本性的作用。假定一个社会中小麦的价格能够正确地反映小麦中所包含的劳动，小麦的价格与小麦的货币价值相等。假定货币的价值为每一美元代表 1/15 小时社会劳动，进一步假定一个小时的直接劳动可以生产 10 蒲式耳小麦并耗费价值 15 美元的投入品，这 15 美元的投入品也代表小麦中包含的另 1 小时的非直接劳动。在等价交换的条件下，这 10 蒲式耳小麦价值 30 美元，其中 15 美元用于补偿非劳动投入，15 美元为新创造价值。假如劳动力的价值为 1/2，工资为每小时 7.5 美元，则 15 美元新创造价值中包含 7.5 美元工资和 7.5 美元剩余价值。对于资本家而言，10 蒲式耳小麦的成本为 22.50 美元。

假定现在新技术的出现使得 10 蒲式耳小麦生产所需的直接劳动时间为 2/3 小时。首先，10 蒲式耳小麦的生产成本下降到 20 美元（15 美元非劳动投入和 5 美元工资），剩余价值将会增加到 10 美元。但资本家之间的竞争会趋向于使小麦的价格下降。劳动价值论认为商品的价格最终必然会下降到使 10 蒲式耳小麦当中包含的新创造价值与用货币衡量的劳动时间价值相等那一点。这样的话价格最终会降到 25 美元，其中 15 美元为非劳动投入价格，10 美元为 2/3 小时社会劳动时间。10 美元新创造价值中，5 美元为工资，5 美元为剩余价值。在上例中，成本的增值率有所下降，注意到这一点对于我们是有益的。最初成本的增值率 [s/（c+v）] 为 7.5 美元/22.5 美元 = 1/3，而在变动后的情况下，增值率为 5 美元/20 美元 = 1/4。出现这一变化的原因是，即使是剩余价值率不发生变化，仍为 1，但资本的构成已经由 1/3（7.5 美元/22.5 美元）降到 1/4。

随着技术的变化，给定的社会劳动时间和以前一样生产出同样数量的价值，但却可以多生产出 50% 的使用价值（小麦）。如果我们希望从价值的角度看到这种技术进步对于资本主义生产的影响，我们就必须观察这种变化对于劳动力价值有什么样的影响，因为劳动力的价值是新创造价值中划分工资和剩余价值的界限。假如由小麦制作而成的面包是工人生活资料当中的一个非常重要的部分，我们将会看到小麦价格的下降会使得面包的成本和劳动力的价值都出现下降。假如 10 蒲式耳小麦的成本下降 5 美元，或较原始价格 30 美元下降 16%（1/6）。假如小麦是个人消费的唯一产品并且这样一个生活水平保持不变，我们将会看到工资会同样下降 1/6，也就是从每小时 7.5 美元下降到每小时 6.25 美元。劳动力的价值将会由 1/2 下降到 5/12（0.42）。10 蒲式耳小麦当中包含的剩余价值由 5 美元上升到 5.83 美元（工资为 4.17 美元），成本的增值率上升到 29%，仍然低于最初的 1/3，因为资本的构成已经下降到 1/4。

这个例子说明了马克思关于资本主义技术进步的核心假说。技术进步的最主要的效应是使得生产同样数量使用价值所耗费的劳动时间减少，但资本家并不能从这种效应中直接获益，因为竞争会使得价格在总量上反映价值的数量。技术进步的非直接效应会使得劳动力消费的生活资料变得更便宜。这样一种变化有可能使得工人的生活水平提高，或使得劳动力价值下降，也可能是两种效应的结合。劳动力价值的下降最终会导致剩余价值率的上升。但资本构成的下降经过所有的调整后会使得整个成本的增值率下降。

五　资本家和生产方式（《资本论》1.13）

现代工业生产是在资本主义生产关系条件下发展起来的。许多人认为，现代工业的高劳动生产率与资本主义生产关系是密不可分的，其他任何生产组织条件都无法达到如此高的水平。而且，资本家在生产的创始和组织方面发挥着十分关键的作用：他们是企业主，是资本主义社会巨大生产力的推动者。看起来似乎没有资本家阶级就没有大规模生产、技术进步甚至是生产组织本身。

马克思不遗余力地反驳了这些说法。他想要表明的是资本主义生产关系与生产力进步之间是一种历史的而非结构性的联系。他认为一个社会主义社会能够以比资本主义社会更高的劳动生产率和更具合理性地组织生产。为了说明这一点，他必须说服我们大规模的有效率的企业可以不依赖于资本家而存在。马克思通过对资本家在生产形成和组织方面发挥作用的历史考察来说明这一点。在《资本论》（1867，p.332）当中，他总结了自己关于资本家与生产之间的基本的观点："资本家所以是资本家，并不是因为他是工业的领导人，相反，他所以成为工业的司令官，因为他是资本家。工业上的最高权力成了资本的属性，正象在封建时代，战争中和法庭裁判中的最高权力是地产的属性一样。"①

马克思关于资本主义社会生产关系与生产力发展之间相互作用的观点是十分微妙和复杂的。资本家推动了生产力的发展，但是因为他的直接动机是追求剩余价值，因而生产的发展本身只是一个副产品。而且，以追求剩余价值为唯一目标也使得资本家（或者其代理人）与实际的生产者——工人之间围绕工资、工作日的长度、劳动强度、工作环境的安全等问题发生直接的冲突。现代工业生产依然在表现着矛盾双方的这样一种相互作用。

我们也许一开始就假定提高劳动生产率是资本主义的优势，但更仔细地观察仍可以揭示出一些相互矛盾的现象。资本家必须保持对生产节奏和劳动强度的控制。但有一些发明需要通过提高生产过程中工人的自由度来提高劳动生产率，这样的发明由于会过多地牺牲资本家对于劳动过程的控制，因而不能够增加剩余价值。资本主义生产中最成功的发明如流水线，总是将劳动生产率的提高与资本家对生产节奏和劳动强度的监视和控制内在地结合起来。流水线上如果某一个工人不能够赶上流水线的速度，他很快就会被发现和督促。因此，我们拥有生产力的发展，但这样的发展受到资本主义生产关系的严格限制。

资本主义条件下的生产力的发展代表了人类控制和改变自然界的能力的巨大进步。但这样的社会进步并不是工人单独进步带来的直接结果。资本家只关注剩余价值，忽略了工人作为人的地位对于生产过程的影响。因此，为了追求更多剩余价值不惜极大消耗工人生命的决定就是自然而然的了。马克思并不否认现代产业对于有效的技术创新和组织管理的需要。他要质疑的是这样一些社会功能是否一定要交到以追求剩余价值为目标的资本家的手里来完成，在资本家的意识中，他们做决定根本不考虑其行为给人类所造成的直接后果。那些为生产组织做决定、对工人负有责任的管理人员难道不应让工人获得更好的待遇吗？这个社会难道没有意识到私人生产组织与生产的社会效果之间存在不可避免的冲突吗？

---

① 译文引自《马克思恩格斯全集》（第23卷），人民出版社1972年版，第369页。——译者注

六　资本主义生产方式的发展 (《资本论》 1.13, 1.14, 1.15)

马克思在《资本论》当中的"协作"、"工场手工业"以及"机器生产"三个章节对资本主义生产组织存在的问题进行了分析。

在协作中，单个工人与和自己相似的其他工人一起劳动，但生产方法与单个人劳动时相比不发生任何根本性的变化。对于资本家而言，将工人放在一起劳动有诸多益处：更方便资本家对劳动过程进行控制和监督，工人之间相互协作可以释放出更大的能量，可以节约共用的设施如建筑物、取暖设备等。另外，联合劳动的一些简单的形式因工人聚在一起劳动而变得可能。马克思还举了一个瓦匠的例子，瓦匠站成一排，把砖从下面传到干活的墙头上，通过这种方式极大地节约了工作时间和为搬动砖瓦所付出的辛劳。重要的一点是协作不需要工人的专业化。劳动是共同承担的，但工人在功能上是可互换的。

在工场手工业当中，生产方法有了新的变化：工人专注于生产的某一局部过程。这样一种分工，在古典经济学那里不仅意味着工人技能的专业化，也包括了生产工具的专业化。马克思严格区分了工场手工业内部的分工原则与整个社会范围内的分工原则。社会范围内的分工由市场通过商品交换决定，企业内部的分工是由作为生产过程开创者和组织者的资本家的权威来决定的。在工场手工业条件下生产增长的可能是非常巨大的，但工人的发展为此付出的成本也是同样巨大的："在工场手工业中，总体工人从而资本在社会生产力上的富有，是以工人在个人生产力上的贫乏为条件的。"（马克思，1867，p.361）[①]

工场手工业当中的专业化最终给资本家带来了麻烦，因为专业化的个人可以有效地组织起来垄断特殊的技能和功能。工场手工业作为一种生产组织形式极易受到联合起来的工人的冲击，因为一旦生产中的某一项功能停止运作将会导致整个生产过程全部停下来。另外，寻找具有个别工人特定技能的替代人选也不是一件容易的事。

[①] 译文引自《马克思恩格斯全集》（第23卷），人民出版社1972年版，第400页。——译者注

机器生产的出现给社会生产力带来了巨大的提高，机器生产提高了生产的规模、增加了工人操控的机器的数量，部分地解决了工场手工业条件下工人组织给资本家带来的问题。机器虽然具体化了生产过程中每一项局部任务的特征，但使得活劳动一般化了。工人现在变成了机器的延伸，从一种机器移向另一种机器。生产中的特殊功能由过去的工人的大脑和手完成变成了由机器自我完成。由此，资本主义通过机器的使用达到了极高的劳动生产率水平，同时也带来了绝望的现代无产阶级。工人与生产过程没有任何的有机联系，没有任何有力的地位免于劳动力市场高低起伏的影响。无论是当一个在职工人拒绝工作，还是依据需要将一个工人从一个岗位变换到另一个工作岗位时，培训一个新的机器操作手不是什么难事。工人与资本家谈判力量的削弱直接导致了工作日的延长和工作条件的恶化。这使我们看到了现代工人的状况，即他们参与到高度发达的生产中并且承受着自己的不幸。

七　结论

以上所述对于认识马克思将资本主义作为一种生产方式十分重要。这些问题（包括正规问题），如价值理论及其与资本家会计实践的关系，虽然关系不大，但与资本主义生产的特殊性这一本质问题，关系就较为密切。

对于马克思而言，资本主义区别于较早的其他阶级社会的特征在于，在变革技术和生产组织上给予统治阶级当中的每一个成员以强大的压力。这样的压力是革命性的，并且通常并不是对每一个资本家都有利，因为作为结果发生的生产变革经常会破坏一些财富，如同他们会增进财富一样。但这样的压力产生了资本主义生产关系的典型特征。

马克思将社会生产的变化大致划分为两类：一类是在不改变工人工资的条件下通过占有更多工人的劳动来获取绝对剩余价值；另一类是通过降低工人消费的花费进而降低劳动力的价值来获取相对剩余价值。推动相对剩余价值产生的创新是与资本主义技术不断进步的基本趋势联系在一起的。

另外，我们可以阅读一些关于从资本家在生产过程中有特定作用的角度写的生产和劳动演化的历史。生产方式从协作转向工场手工业标志着资本家对生产组织形式的第一次改变。工场手工业由于赋予了高度专业化的手艺工人对于生产过程过强的控制力量而与资本主义的基本原则相冲突，这样一种冲突是机器生产出现的一个重要原因。

马克思从这些研究中得出的最重要的结论是：社会主义将会在技术变化方向以及生产组织形式的决定上有着更广泛的选择余地。为了人类的价值，他不会犯怀旧病而恢复那些旧的生产方式，但他会将早期生产方式中一些积极的人性和社会特征与社会主义生产方式结合起来，而这将为技术进步提供最大的可能。

第五章

资本的再生产

一 再生产（《资本论》1.23）

再生产观是马克思人类社会理论的核心：人类社会之所以最终会存在于某种生产关系或生产方式之中，是因为他们可以在当时的条件下不断地再生产出自身。马克思认为对于人类社会的了解应当通过对社会再生产过程的考察获得。实际上，对社会再生产过程的考察会改变我们对许多现象的看法。比如，单个劳动力为了获得工资出售自己劳动力的行为看起来只不过是商品市场上平等主体之间交换行为的另一个翻版。资本家用货币开始他们的交易，工人从出售他们的劳动力开始，像其他商品的交换一样，二者形成一个交易。但是这样一个交易的不断重复给出了一个全新的深刻含义。资本家在生产结束时占有生产出的产品及其全部价值，包括包含在商品中的剩余价值。对于所有的工人而言，当生产结束时，除了再生产自身所需的资料外一无所获。这样，资本家处于能够以更大的规模进行再生产的地位，而工人为了生存则不得不面对再次出卖自己的劳动力的现实。当资本主义生产方式成为组织社会生产的主要方式时，结果就是社会剩余产品以剩余价值的方式被资本家阶级占有。当这样一个过程不断重复进行时，所有的资本价值都会变成积累起来的剩余价值。

这样的话，对马克思而言，资本的再生产从根本上说也是资本主义生产的阶级关系的再生产。正是在劳动力的不断重复地出卖中，资本主义社会的阶级关系出现了。理解资本主义生产的关键是弄清资本主义生产过程是如何不断地再生产出工人和资本家两个对立的阶级的："工人本身不断地把客观财富当作资本，当作同他相异化的、统治他和剥削他的权力来生产，而资本家同样不断地把劳动力当作主观的、同他本身物化的和实现的资料相分离的、抽象的、只存在于工人身体中的财富源泉来生产，一句话，就是把工人当作雇佣工人来生产。"（马克思，1867，p. 571）①

二 再生产与资本积累（《资本论》1.24，1.25）

在资本主义生产过程中，被资本家占有的一部分剩余价值会被重新投入生产过程中。我们可以将这一过程称为"资本的货币积累"——由剩余价值的再投资导致的资本价值本身的增长。假如用于再投资的剩余价值仅用于现有生产规模的扩大（比如，完全按照或者基本按照现有生产要素的类型和数量来扩大工厂），那么不变资本和可变资本将按照相同的比例增长。假如工资保持不变，购买全部劳动力（或者说按照现代的语言，全部工作）的资本将按照相同比例增长。这样一种（设想）情况，马克思称之为"扩大再生产"。它将会导致资本主义社会关系扩展到越来越多的人那里，并扩展到人们生活越来越多的方面，而资本的结构没有发生任何内在的变化。

但在实际发生的积累过程中，生产过程通常也会随之发生改变。资本并不满足于仅在已有的规模上进行再生产，而是要不断地采用新的生产方法和探索更大规模生产的可能性。通过积累过程不断进行的资本主义生产关系的拓展形成了更大的市场以支撑不断细化的劳动分工、更大规模的厂房，大机器生产等。马克思将通过单个资本的增长实现的生产规模的扩大称为"资本积聚"。资本积累还可以通过（按照现代金融学的术语）合并或收购的方式实现已有资本的集中来扩大生产规模，马克思将此称为"资本集中"。这样，资本积累就不再是一个社会生产在更大规模上的简单重复。在资本的货币积累背后，存在着资本的结构和生产组织根本性的变化以及生产规模和生产手段的根本性变化。

生产过程的这些变化必然反映在一些以货币表示的影响资本利润率

---

① 《马克思恩格斯全集》（第 23 卷），人民出版社 1972 年版，第 626—627 页。——译者注

的相关参数的变化上，特别是剩余价值率和资本构成的变化，正如我们在对相对剩余价值进行讨论时说明过的那样。

出于分析的需要，马克思将再生产和资本积累断然地区分开了。在再生产模型中，我们抽象掉了与实际积累过程相伴随的生产结构和生产组织的变化。假设资本主义生产的相关参数除规模外不发生任何变化，在简单再生产模型中，资本家消费掉了所有的社会剩余价值，因而没有剩余价值被用于再投资，生产完全以相同的规模继续，投资仅用于对上一生产周期中消耗掉的生产要素进行替换。在扩大再生产模型中，一部分剩余价值被用于再投资，但影响资本利润率的一些参数，包括剩余价值率和资本构成均保持不变。积累模型则全面地反映了资本积累对资本主义生产各个方面的影响，并考虑到了相关参数的变化。十分清楚的是，我们不能够指望在简单再生产或扩大再生产的模型中看到危机的出现，但在资本积累模型中可以看到。

三　工资和产业后备军（《资本论》1.19，1.25.3）

资本积累对于劳动力需求有着相反的影响。一方面，剩余价值的再投资引致的资本价值的扩张趋于增加对劳动力的需求。在扩大的生产中，资本家通常需要增加其雇用的劳动力。另一方面，与资本积累相伴随的技术进步往往会带来对劳动力的替换，因为技术进步会导致生产既定数量的使用价值所需的劳动力减少。我们会看到第一个趋势居于主导地位，而第二个趋势在发达资本主义国家中呈现出劳动力短缺和不断增加的失业二者之间的交替。

技术进步带来的对劳动力的替换形成了一个劳动力的蓄水池，劳动力蓄水池中的人曾经被雇用，并且通常仍然需要继续作为劳动力被雇用，但此刻他们找不到工作。失业工人蓄水池的存在是资本主义生产的一个鲜明特点。马克思称这个蓄水池为"流动的产业后备军"。当资本积累创造出比它毁掉的工作岗位更多的工作岗位时，蓄水池中的人就会减少，反之，则会增加。

除流动形式外，马克思还说明了其他两类产业后备军的存在形式。一类是游离于资本主义生产关系之外，如在传统农业中再生产他们自己的人，他们可以被资本主义生产吸收，进入出卖劳动力的大军中。这些人被称为"潜在的产业后备军"。在20世纪资本主义经济中，这样一种潜在的产业后备军存在于其他的欠发达国家中，并且以移民的方式被发达国家的劳动力市场吸收。美国在20世纪70年代和80年代从墨西哥和加勒比地区获得的劳动力供给，以及北欧在20世纪60年代出现的来自南欧和北非地区的外来工人都是很好的例证。在这些发达国家中，妇女劳动力参与率较低，潜在的女性劳动力供给可以被看作潜在产业后备军的重要组成部分。

最后，马克思讨论了"停滞的产业后备军"形式，以这种形式存在的失业者其劳动能力已经退化或者其劳动技能很久没有得到改进，甚至已经过时，他们处于整个社会生产和社会组织的边缘地带。

产业后备军的存在和不断更新是工资水平变化的一个重要决定因素，产业后备军的存在也是马克思认为工资总是会趋向于维持劳动力再生产所需成本的原因。来自流动的和潜在的产业后备军潜在的或现实的竞争阻碍了工资水平较历史地决定的平均生活水平上升过多或持续时间过长。

四 资本循环（《资本论》2.1–2.4，2.7）

我们现在从对资本积累过程的一般性考察转到对于这一过程中某些特殊的模型的分析上来。按照马克思自己的说法，所要研究的最简单的模型是在资本价值增长过程中与资本利润率相关的参数不发生变化的再生产模型，而不是力图反映资本积累过程全部复杂性的相关参数发生变化的模型。

马克思建立的分析资本积累问题最基本的概念是"资本循环"。我们已经看到，每一个单个资本都可以被看成是经历这样一些阶段的价值：

$$M—C\ \{MP, LP\}\ \cdots\ (P)\ \cdots\ C'—M' \tag{5.1}$$

当然，对于一个给定的资本主义企业而言，可以同时有几个这样的循环，在每一个循环中资本处于不同的阶段。事实上，对于工业资本而言，总是不断有价值经过这样的生产循环，新的价值不断地以货币形式出现，新的产品作为生产结果不断出现。

我们可以将社会资本看成是单个资本的总和，将社会资本的周转看成是相互联系在一起的单个资本的循环。这样我们就可以将资本主义生产过程看作是资本的不同组成部分构成的一个封闭循环，这些组成部分包括金融资本、生产资本和商品资本。在图 5.1 中，表现为 3 个主要环节。

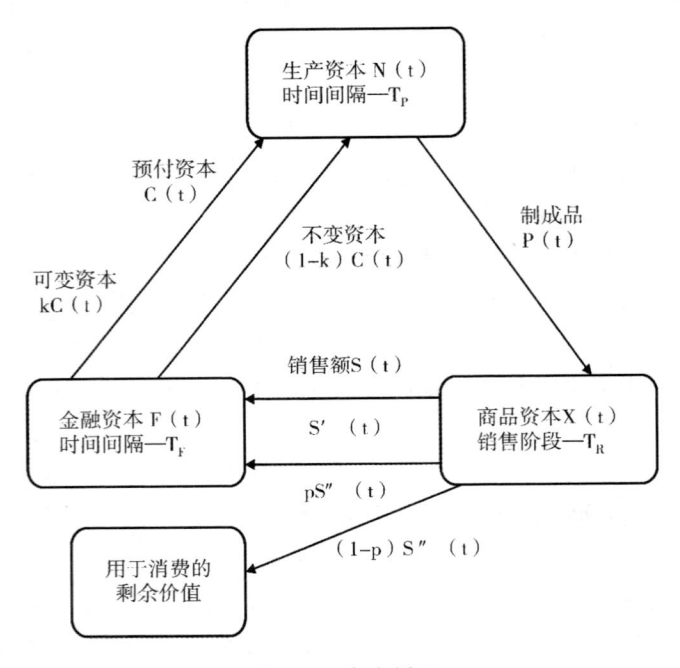

图 5.1　资本循环

图 5.1 中所示的"金融资本"对应着 M 和 M′，这一部分资本以货币（这里指的是广义的货币资产）的形式存在，资本家使用这一部分货币去购买劳动力和生产资料（包括长寿命的生产投入品）。（马克思将金融资本称为"货币资本"）。图 5.1 中所示的"生产资本"是由原材料和半成品的存货以及厂房和设备的价值构成。制成品的价值中包含着生产过程中消耗的生产资料的价值，也包括劳动力在生产过程中创造的新价值。表 5.1 中所示的"商品资本"由待售商品构成。当这些产品被出售时，这部分资本将重新转化为货币形式。一部分剩余价值将被资本家和政府（以向非生产性的劳动者支付工资的形式）消费掉。这一点我们将在第七章中介绍。生产中所消耗的成本带着一部分未消费掉的

剩余价值以货币资本的形式复归，成为推动新的循环开始的动力。

在高度发达的资本主义国家中，剩余价值当中的未消费部分回到循环过程中的途径可能是间接的。单个资本家的部分剩余价值以股息或利息的方式被支付给了其他资本家，作为他们出借自身资本的回报，出借可能以直接的方式进行，也可能通过一定的金融中介如银行来完成。从社会资本的循环角度来看，部分剩余价值被用于消费，而另一部分则被再投入资本的循环当中。

这一过程的每一阶段都要花费时间。如生产过程需要持续一段时间，即"生产阶段"。这一阶段包括从劳动力和其他生产投入品买入到产成品产出这一段时间。同样，为商品找到买家也需要花费一定的时间，这称为"销售阶段"。在危机时期，价值实现所需要的时间将远远超过正常，从而反映出企业在寻找买主时遇到的困难。另外，"购买阶段"反映的则是货币形式的价值实现到以预付资本购买生产过程所需的时间。马克思将这三个阶段称为资本主义生产过程不同阶段所需的周转时间。

这样，资本循环过程当中的每一个环节都有一定的价值形式与之相对应，并且两个相邻环节之间不断出现着从一种形式向另一种形式的价值流动。货币资本和生产资本之间是资本支出的流动。生产资本和商品资本之间是产成品的流动。商品资本和货币资本之间是商品销售额的流动。

资本循环模型中的流量变量对应着资本主义企业会计账户的收入科目或者损益科目。资本支出流量是一定时期内购买劳动和非劳动投入品的花费。销售额流量是一定时期内企业或企业集团的全部销售额。产成品流量指企业售出的全部产品加上产成品存货的增加数。

资本循环模型中的存量变量对应着企业资产负债表中的资产一方。金融资本在资产负债表中是现金，银行存款，其他公司债券或国债形式的金融资产。生产资本是厂商和设备的价值加上原材料存货和半成品的价值。商品资本是待售的最终商品的价值总和。

对于一个实际的资本主义企业或者企业集团，所有的资本变量的循环都可以从普通的会计资料中看到。但事实上，资本主义企业会计的一般准则难以正确地反映劳动力价值论的相关概念。问题的出现主要是由于劳动价值论和企业会计实践对于生产领域之外的价值问题都各自有一套严格的规则。例如，生产资本的价值是所有过去资本支出的总和减去产成品价值总和的结果。作为工资支付给工人的半成品在会计科目中会被计入半成品存货价值科目中，原因是为了保持存货和价值流量之间严格的平衡关系。

五　资本循环模型（《资本论》2.7，2.9，2.12 – 2.14）

资本循环包括了三种形式的价值流量——资本支出额、产成品价值和销售额和三种形式的价值存量——生产资本、商业资本和货币资本。资本循环当中的价值的流动由五个参数决定——成本增值率（由剩余价值率和资本构成决定），剩余价值投入再生产的比率（我称之为"资本化比率"），以及三个阶段循环的时长（生产阶段、销售阶段和购买阶段）。

为了构建一个资本循环的数学模型，我们将使用这样一个假设使问题简化，即循环中的各个阶段在同一个时期中完成。由此我们假设，预付的每一美元资本仅在生产过程中停留一个有限的时长，然后就会全额在产成品中出现。一个更现实的，在数学上处理起来也更复杂的关于时长的问题是，随着时间的变化，一部分价值运行得快，另一部分价值运行得则慢一点。

我们将使用 $C(t)$ 代表时期 t 内资本支出流量。$P(t)$ 代表制成品价值（以成本计量），$S(t)$ 代表销售额流量，$N(t)$ 代表生产资本的存量，$X(t)$ 代表商业资本的存量（以成本计量的待售产品的存货），$F(t)$ 代表货币资本的存量，p 代表资本化比率，q 代表成本的增值率，T_P 代表生产阶段时长，T_R 代表销售阶段时长，T_F 代表购买阶段时长。现在假定每年支出的资本 $C(t)$ 为 1 万亿美元，$N(t)$ 为某一时刻 3 万亿美元的生产资本，q 为 50%，T_P 为六个月。

模型的等式将反映关于时长和会计准则方面的假设。制成品在时间 t 内的流量 $P(t)$ 与 $t - T_P$ 期内的资本支出必然相等。我们得到

$$P(t) = C(t - T_P) \qquad (5.2)$$

与此相类似，当假定销售时长固定时，在时间 t 中，销售额流量与 $t - T_R$ 期内制成品的流量相等。

$$S(t) = [1 + q] P(t - T_R) \qquad (5.3)$$

在简单模型中，不包括资本的借入，新的资本支出必须来自以往的销售额。假如我们将补偿生产成本的那部分销售额记为 S′(t)，将销售额中对应的代表剩余价值的部分记为 S″(t)，我们得到

$$S'(t) = P(t-T_R) = [1/(1+q)]S(t) = S(t)/[1+q] \text{①} \quad (5.4a)$$

$$S''(t) = qP(t-T_R) = [q/(1+q)]S(t) = qS(t)/[1+q] \text{②} \quad (5.4b)$$

以及

$$C(t) = S'(t-T_F) + pS(t-T_F) \quad (5.5)$$

因为剩余价值的一部分 p 被重新投入资本的循环中，其余部分的剩余价值则是被资本家或国家消费掉，或者是用于非生产性劳动者。

与资产负债表和损益表相关的会计准则形成了对资本循环中存量价值变化的控制规则。例如，生产资本会随着在生产资料和劳动力购买上支出的增加而上升，而随着制成品在生产尽头的出现而减少。

$$dN(t)/dt = C(t) - P(t) \quad (5.6)$$

与此相类似，我们可以写出商业资本存量和货币资本存量变化的规律。

$$dX(t)/dt = P(t) - S(t)/[1+q] = P(t) - S'(t) \quad (5.7)$$

$$\begin{aligned} dF(t)/dt &= S(t) - [1-p]S''(t) - C(t) \\ &= S'(t) + pS''(t) - C(t) \end{aligned} \quad (5.8)$$

等式 5.2 – 5.8 构成了资本循环的基本模型。

六 简单再生产模型（《资本论》2.18，2.20）

直观上我们能看到这样一种可能的情况，即再生产模型中所有的流量和存量变量以相同的几何或指数比率实现平稳和平衡增长。马克思将这样一种形式的再生产称为对资本积累全面分析的第一步，并研究了这样一种再生产方式。资本积累同样遵循上述六个等式，但资本积累的一

---

① 原书中无此方括号，依照下文做了改正。——译者注
② 原书中无此方括号，依照下文做了改正。——译者注

个结果就是参数 p、q 以及各阶段时长也会随时间发生变化。比如，资本积累带来的生产规模增大可能会带来剩余价值（技术进步带来相对剩余价值增加）和资本构成（技术进步可能使得生产中使用的生产资料相对于劳动力增加的更多）的变化。其结果会导致成本增值率 q 随着积累的进行而发生变化。分析参数保持不变的模型要比分析参数由模型内生决定的模型更容易。

最简单的模型是假定 p = 0，即没有剩余价值用于积累，也就是资本家消费了他的全部收入。马克思将此称为是简单再生产。在这种情况下，资本主义生产以不变的规模和比例进行着。等式（5.2）-（5.5）变化如下，

$$P(t) = C(t - T_p) \tag{5.9}$$

$$S(t) = [1+q] P(t - T_R) \tag{5.10}$$

$$S'(t) = P(t - T_R) = [1/(1+q)] S(t) = S(t)/[1+q] \tag{5.11}$$

$$S''(t) = q P(t - T_R) = q C(t) \tag{5.12}$$

$$C(t) = S'(t - T_F) = P(t - [T_R + T_F]) = C(t - [T_p + T_R + T_F]) \tag{5.13}$$

$$C(t) = P(t) = S(t)/[1+q] \tag{5.14}$$

等式（5.9）-（5.14）表明（正如我们的直觉告诉我们的），假如资本家消费了所有的剩余价值，资本支出就不会随着时间的变化而变化，而制成品价值的流量与资本支出的流量也就相等了，虽然这不能告诉我们这些流量到底是多少，但它们会保持在这一过程开始时的水平。另外，销售额的流量与 1/[1+q] 的乘积与制成品的价值流量将会相等。资本家所消费的剩余价值量为 qP。

等式（5.6）-（5.8）表明：

$$dN(t)/dt = C(t) - P(t) = 0$$

$$dX(t)/dt = P(t) - S(t)/[1+q] = 0$$

$$dF(t)/dt = S(t) - [1-p] S''(t) - C(t) = 0$$

这样，资产负债表中价值的存量部分也不会随着时间的变化而变化。我们就能够看到这些资产负债表项目的数额有多大。以生产资本存量 N(t) 为例，它必然与 C(t) T_p 相等，因为支出的每一个美元在生产体系中都停留 T_p 这样一段时间。与此相类似，我们可以得到

$$N(t) = C(t) T_p \tag{5.15}$$

$$X(t) = P(t) T_R = C(t) T_R \tag{5.16}$$

$$F(t) = S'(t) T_F = C(t) T_F \tag{5.17}$$

生产体系中的价值存量一定要足够大才能保证在设定时长中流量持续不断。例如，假如 C(t) 为每年预付的 1 万亿美元，T_p 为三年，我们一定要有 N(t) 为 3 万亿美元，因为它由最近三年的资本支出构成。

我们同样可以列出简单再生产的利润率表达式。利润率 r 是剩余价值（一个流量）与生产中所用资本的比率，或

$$r = S''(t) / [F(t) + N(t) + X(t)]$$

根据等式 (5.9) – (5.17) 我们可以得出

$$r = qC(t)/C(t)[T_F + T_p + T_R] = q/[T_F + T_p + T_R] \tag{5.18}$$

马克思十分重视这一公式。这一公式表明，利润率等于成本增值率除以资本的整个周转时间。其中，成本增值率决定每一部分价值每经过一次资本循环所增长的数量，而资本整个周转时间则指这一价值完成一次完整循环所花费的时间。

这样对于简单再生产而言，资本循环模型就给出了一个关于资本主义生产中存量、流量以及利润率变化的完整描述。

七　资本循环的扩大再生产模型（《资本论》2.21）

为了将资本循环模型用于分析扩大再生产，我们假定所有的存量和流量以相同的、未知的指数速率 g 增加。这样的话，比如 $C(t) = C(0)\exp(gt)$，这里 $\exp(\cdot)$ 代表指数函数。下文中我们将大量使用指数函数，如

$$\exp(gt - gT) = \exp(g[t-T]) = \exp(gt)\exp(-gT) \tag{5.19}$$

$$d[\exp(gt)]/dt = g[\exp(gt)] \tag{5.20}$$

等式 (5.19) 表明的是当按照指数增长的路径回溯 T 期时，在 t – T 这段时间里变量的数值是 t 时的 $\exp(-gT)$ 倍。等式 (5.20) 表明的是以指数形式增长的变量在任何时点都与在那一时点上增长率与变量值的乘积相等。

首先,我们通过代换对(5.2)-(5.5)式进行简化,将(5.2)式代入(5.3)式,我们得到

$$S(t) = (1+q)C(t-[T_P+T_R]) \quad (5.21)$$

因为当前的销售依赖于过去的生产,过去的生产又依赖于更往前的资本支出,因而目前的销售依赖于过去的资本支出。同样的理由,资本支出取决于它自身过去的价值,将(5.21)式代入(5.5)式:

$$C(t) = [1+pq]C(t-[T_F+T_R+T_P]) \quad (5.22)$$

假如 $C(t)$ 以及其他所有的存量和流量变量以相同的指数速率 g 变动,那么 $C(t) = C(0)\exp(gt)$,$C(0)$ 代表在时点 0 资本支出流量的规模。(5.22)式变为

$$\begin{aligned}C(0)\exp(gt) &= [1+pq]C(0)\exp(g\{t-[T_F+T_R+T_P]\})\\&= C(0)\exp(gt)[1+pq]\exp(-g[T_F+T_R+T_P])\end{aligned}$$
$$(5.23)$$

等式两端同除以 $C(0)\exp(gt)$ 可以得到:

$$1 = [1+pq]\exp(-g[T_F+T_R+T_P]) \quad (5.24)$$

或者等式两端同乘以 $\exp(g[T_F+T_R+T_P])$,并且取自然对数,可以得到:

$$g = \ln(1+pq)/[T_F+T_R+T_P] \quad (5.25)$$

从等式(5.25)中可以看出许多资本主义扩大再生产的重要特点。生产规模的扩张速度取决于几个关键性参数:成本增值率 q,q 反映着资本主义生产关系和生产力的发展,因为它是剩余价值率和资本构成共同作用的结果;p 是剩余价值资本化率,它决定有多少剩余价值再次进入资本循环;最后是资本循环各个阶段的时长。扩张速度随着成本增值率和剩余价值资本化率的提高而提高,随着资本循环各个阶段时长的增加而下降。这样等式(5.25)就给出了一个政治经济学分析资本主义积累过程的基本框架,因为它表明,要改变资本积累速度,制定政策必须对哪些直接变量产生影响。

等式(5.25)不能决定初始的资本支出规模 $C(0)$。这一点反映出这样一个事实,资本循环模型在再生产的假设下,仅依赖于几个关键的比率,而不依赖于其实际的规模。这样的话,一个小的经济体可以与一个较大的经济体按照完全相同的方式增长,只要他们在资本积累的相关参数上保持一致。方便起见,我们假设 $C(0)=1$。这样我们可以使

用 (5.2) 式和 (5.3) 式解出 P (0) 和 S (0)。

$$P(0)\exp(gt) = C(0)\exp(g[t - T_P])$$
$$= \exp(gt)\exp(-gT_P), 或 \quad (5.26a)$$
$$P(0) = \exp(-gT_P) \quad (5.26b)$$
$$S(0) = (1+q)\exp(-g[T_P + T_R]) \quad (5.27a)$$
$$S'(0) = \exp(-g[T_P + T_R]) \quad (5.27b)$$
$$S''(0) = q\exp(-g[T_P + T_R]) \quad (5.27c)$$

在扩大再生产既定的假设下，求解 (5.6) – (5.8) 式可以得出资产负债表资产项下如下科目的数值——货币资本、生产资本和商业资本。如在扩大再生产的条件下，生产资本 N (t) 存量与其余部分一样都按照速率 g 稳定地增长。这样 N (t) = N (0) exp (gt)。根据 (5.20) 式，这意味着 d N (t) /dt = g N (t)。由 (5.6) 式我们可以得到

$$dN(t)/dt = gN(0)\exp(gt) = C(t) - P(t)$$
$$= \exp(gt)[1 - \exp(-gT_P)], 或者 \quad (5.28a)$$
$$N(0) = [1 - \exp(-gT_P)]/g \quad (5.28b)$$

依据同样的理由，我们可以解出 X (0) 和 F (0)：

$$X(0) = \exp(-gT_P)[1 - \exp(-gT_P)]/g \quad (5.29)$$
$$F(0) = [1 + pq]\exp(-g[T_P + T_R])[1 - \exp(-gT_F)]/g$$
$$\quad (5.30)$$

如我们所望，这些数据取值均为正，且都取决于成本增值率和各阶段时长。

资本家通过计算剩余价值与生产中所用资本存量的比率来获得利润率的数值。在扩大再生产的条件下，我们能够得到已实现剩余价值的数量和生产中所用资本存量的数值，因而可以准确计算出利润率。这样的计算显然没有考虑利润中用于利息和税收支付部分的问题，因为这里是将全部剩余价值看成是生产中所用资本的结果。利润率记为 r，

$$r = S''(t) / [F(t) + N(t) + S(t)] \quad (5.31)$$

在扩大再生产条件下，所有的流量和存量都按照相同的比率增长，因此 r (t) 也是这样。

$$r = S''(0) / [F(0) + N(0) + S(0)] \quad (5.32)$$

从 (5.27c) 式我们看到 $S''(0) = q\exp(-g[T_P + T_R])$。从 (5.28b) 式、(5.29) 式和 (5.30) 式我们可以得到在时刻 0 上生产中

所用资本的数量

$$F(0) + N(0) + S(0) = pq\exp(-g[T_P + T_R])/g \tag{5.33}$$

这样，我们可以解出（5.32）式

$$r = g/p = \ln(1+pq)/p[T_P + T_R + T_F] \tag{5.34}$$

等式（5.34）表明利润率等于规模增长率与剩余价值资本化比率之间的比值，更为直接的一种表达是，增长率是利润率与剩余价值资本化比率的乘积。这一等式也被称为"剑桥方程式"，在现代经济增长理论中发挥着重要作用。

假如我们用 pq 来大致地替代 ln(1+pq)，只要 pq 的取值不是很大，这样做是正确的，我们可以看到

$$r \cong q/[T_P + T_R + T_F] \tag{5.35}$$

这样一种利润率的表达形式，我们已经在（5.18）式那里看到过，它就是马克思经常提及的。

比如，我们假设在一个资本主义生产体系中，劳动力价值为 1/2，则剩余价值率为 1（100%），资本构成为 1/3，则成本增值率也为 1/3（33.33%）。假设生产阶段长 12 个月，销售阶段长 6 个月，购买阶段为 6 个月，则每一部分价值完成一次资本循环所需的全部时间为 2 年。假定剩余价值的一半用于扩大再生产，则增长率 g 为 ln1.1667/2 = 0.077（7.7%）。利润率为增长率的两倍，即 0.154（15.4%），这与成本增值率同资本周转完成时间的比值接近。

这样，对于扩大再生产而言，资本循环模型给出了一个资本主义积累过程的一个完整的量化描述。

八 简单再生产条件下的比例关系和总需求（《资本论》2.20）

在《资本论》第 II 卷（1893，第 20、21 章）当中，马克思提出了一个重要的问题，就是社会资本须按照什么比例来配置不同类型的职能资本才能维持再生产顺利进行。马克思延续了关于不变资本和可变资本之间存在根本性区分的观点，不变资本是其价值转移到制成品中的生产投入部分，可变资本是预付资本当中用于购买劳动力的那部分资本，其

增加于产品上的价值超过了其自身的价值。他提出,为了分析的需要,可以将整个资本主义经济划分为两大部类:第Ⅰ部类全部由生产不变资本,也就是由生产生产资料的不同企业组成;第Ⅱ部类全部由生产劳动力再生产所需生活资料的不同企业组成。然而,这样的划分与将资本主义经济中按照行业或部门进行的划分是不同的,对于一个行业或部门而言,可能既生产生活资料也生产生产资料。如,农业部分既生产粮食用于消费,也生产原料用于工业生产。工厂生产的钢梁既可以用于建造厂房也可以用于建造住房,等等。

我们可以使用资本循环模型来研究这一比例关系,一方面为理解马克思在这一问题上的各种结论,另一方面为将这些结论一般化。我们将分别写出第Ⅰ部类和第Ⅱ部类资本循环的等式,然后像马克思那样,详细地说明他们之间的必要的联系。首先我们将分析简单再生产,在下一部分中,解决扩大再生产所涉及的更为复杂的数学问题。

尽管我们将假设两部类的时滞都相同,但每一个部类的成本增值率却不同。在简单再生产条件下,两大部类的资本化比率均为0。

第Ⅰ部类的基本模型(第Ⅱ部类模型的形式与此类似,只是下脚标做些改变):

$$P_I(t) = C_I(t - T_P) \tag{5.36}$$

$$S_I(t) = [1 + q_I] P_I(t - T_R) \tag{5.37}$$

$$C_I(t) = S'_I(t - T_F) \tag{5.38}$$

在简单再生产条件下,在每一部类的生产与社会对这一部类产出的要求之间存在着必然的联系。这也是马克思认识社会再生产体系内在比例要求的关键。例如,第Ⅰ部类的产出为生产资料,用于满足两大部类对于生产资料的需求。第Ⅰ部类对于生产资料的需求可以表示为 $[1 - k_I] C_I(t)$,k_I 为第Ⅰ部类资本支出中用于可变资本的比率。因此,余下的部分就是用于购买不变资本,也就是生产资料。同样,第Ⅱ部类对于生产资料的需求为 $[1 - k_{II}] C_{II}(t)$。对于生产资料的购买主要用于对以往生产循环中损耗的生产资料进行替换。这样一种关系用符号可以表示为:

$$S_I(t) = [1 - k_I] C_I(t) + [1 - k_{II}] C_{II}(t) \tag{5.39}$$

与此类似,我们可以得出对第Ⅱ部类产品的购买主要是由两大部类即工人工资和剩余价值完成的,我们假定简单再生产条件下,所有的剩余价值都用于消费。

$$S_{II}(t) = k_I C_I(t) + k_{II} C_{II}(t) + S''_I(t) + S''_{II}(t)$$
(5.40)

这里假定工人和资本家在花费其各自的收入时不存在时滞问题。

只要在资本循环过程中不存在资本的借入或借出,价值的守恒可确保只要(5.39)式或(5.40)式有一个成立,则另一个也一定成立。

在简单再生产中,我们知道 C_I 不随时间的发生而变化。这样我们就可以将(5.39)式改写为

$$S_I(t) = [1+q_I] C_I(t) = [1-k_I] C_I(t) + [1-k_{II}] C_{II}(t)$$
(5.41)

用上式可以解出 $C_I(t)/C_{II}(t)$,在简单再生产中,社会资本必须按照这一比例配置。

$$C_I(t)/C_{II}(t) = [1-k_{II}] / [q_I + k_I]$$
(5.42)

(5.42)式如果用马克思的方法来表达就是第Ⅰ部类剩余价值与可变资本的总和应与第Ⅱ部类的不变资本相等。这是马克思对于简单再生产进行分析的最基本的结论。第Ⅰ部类再生产出其自身需要的不变资本;因此,第Ⅰ部类其余产品的价值等于可变资本与剩余价值之和,其外在的形式应是第Ⅱ部类所需要的不变资本:

$$s_I + v_I = c_{II}$$
(5.43)

(5.42)式的重要性用马克思关于简单再生产的观点来看,就是如果两大部类的资本按照(5.42)式所定义的比例关系开始运行,那么这个资本主义生产就可以继续顺利进行,资本支出或产出也不会发生变动。每一部类的产出都能够保证未来的生产能够以相同的规模进行。

在《资本论》(1893,第20、21章)中,与对再生产必要比例关系研究联结在一起的还有关于总需求问题的讨论。在这部分分析中,马克思力图确定将生产的商品转化为货币,这是部分货币的来源。关于这一问题的第一点认识是商品交换产生的货币需求直接或间接来自资本循环本身。这一点也是凯恩斯关于总需求分析的基础。对商品的需求可以划分为三类:资本家对于生产资料的需求;工人对于维持其生存所需的生活资料的需求;资本家家庭(或其他收入来自剩余价值的家庭,或国家)对于维持生存的生活资料或奢侈品的需求。在一个封闭的资本主

义体系中，这是货币收入也是货币需求的全部来源。工人家庭也好、资本家家庭还是国家也好，也许在收入的花费上存在滞后，但最终他会花掉从资本循环中得到的收入。

为了简化数学分析，我们假设工人在工资的花费上不存在滞后，而资本家家庭在剩余价值的花费上有着相同的滞后期 T_F，就像资本主义企业花费其剩余价值份额时具有相同的滞后期那样。为了避免出现不必要的过多的部类，我们同样假定奢侈品的生产也是在第 II 部类当中。这样我们就能够得出商品的总货币需求

$$D(t) = [1 - k_I] C_I(t) + [1 - k_{II}] C_{II}(t) + \\ k_I C_I(t) + k_{II} C_{II}(t) + \\ S''_I(t - T_F) + S''_{II}(t - T_F) \quad (5.44)$$

第一行代表资本主义企业对于生产资料的需求，第二行代表工人家庭的花费，第三行代表资本家家庭剩余价值的花费。

在马克思的分析中，第二点重要认识是资本主义企业的支出完全来自其过去的销售所得。这样一个观点在资本循环的一般模型那里通过等式（5.5）和等式（5.38）表示。利用这两个等式，同时考虑资本家家庭和企业在花费其剩余价值时具有相同时滞这一点，我们可以简化 (5.44) 式为

$$D(t) = S_I(t - T_F) + S_{II}(t - T_F) = S(t - T_F) \quad (5.45)$$

等式（5.45）表达了一个非常重要的观点。它表明只要假定资本的支出只能来自资本自身过去的销售，那么今天的需求就会依赖于昨日的销售。在简单再生产条件下，这样的认识有着重要的意义。它意味着目前的总需求可以保证所有生产出的产品可以按照适当的比例出售，进而保证再生产过程可以继续。当然，资本主义企业以及资本家家庭由于在剩余价值的使用上存在滞后，因而必然拥有货币储蓄来支持他们的支出。事实上，这样的储蓄必然等于 $S(0) T_F$。也就是说，资本家在获得收入和实际支出的时间间隔 T_F 中拥有足够的货币结余。马克思在《资本论》（1893，第 20 章）的分析中揭示了这一事实。

我们可以用两句话来概括马克思关于简单再生产的分析。首先，社会资本必须按照适当比例分配于两大部类中才能保证再生产继续顺利进行。其次，只要资本家拥有足够多数量的货币储备，那么出售所有产品所需要的货币量就可以得到满足。

九 扩大再生产的比例关系 (《资本论》2.21)

我们现在转向那些由扩大再生产引发的更为复杂的问题。分析的基本原则与简单再生产一样，但现在我们必须考虑两大部类剩余价值资本化率不是 0 而为正这一事实。

尽管我们可以继续假设两大部类时滞相同，但每一个部类还是都有着自己的成本增值率和资本化比率。假如两大部类按照相同的速度扩张，则一个部类的积累就需要转移到另一个部类当中去，因为一般来说，两个有着不同的成本增值率和资本化比率的部类，一个会产生出比它自身扩大再生产所需的资本更多的积累，而另一个则会有较少的积累。在实际的资本主义经济中，积累的这种转移是通过借贷来完成的。然而，马克思在他关于扩大再生产的分析中抽象了借贷因素。因此，为了简化分析，我们这里假定两大部类的成本增值率和资本化比率的变动速度与两大部类的扩张速度相同，两大部类之间没有任何的资本转移，也就是说，我们假设每一个部类扩张所需的资金都来自自身获取的剩余价值。

如同简单再生产时一样，扩大再生产第 I 部类的基本模型为（第 II 部类与此类似，只是下脚标不同）

$$P_I(t) = C_I(t - T_P) \quad (5.46)$$

$$S_I(t) = [1 + q_I] P_I(t - T_R) \quad (5.47)$$

$$C_I(t) = S'_I(t - T_F) + p_I S''_I(t - T_F) \quad (5.48)$$

这里 $C_I(t)$ 代表第 I 部类资本支出的流量，$P_I(t)$ 代表制成品的流量。

如同简单再生产时一样，每一部类的生产与社会对该部类产出的需求之间存在着必然的联系。比如，第 I 部类的产出为生产资料，它必须能够满足两大部类对于生产资料的需求。第 I 部类对于生产资料的需求为 $[1 - k_I] C_I(t)$，因为 k_I 为第 I 部类资本支出中用于可变资本的比率，则余下的部分用于购买不变资本，也就是生产资料。这样的购买对应着对以往生产周期中耗费的生产资料的补偿和对扩大再生产所需要的生产资料的满足。这样的关系可以表示为

$$S_I(t) = [1 - k_I] C_I(t) + [1 - k_{II}] C_{II}(t) \quad (5.49)$$

与此类似，对第Ⅱ部类生产的生活资料的购买主要是由两大部类工人的工资和部分剩余价值完成的。

$$S_{II}(t) = k_I C_I(t) + k_{II} C_{II}(t) + [1-p_I] S''_I(t) + [1-p_{II}] S''_{II}(t) \quad (5.50)$$

上式暗含的假设是工人花费工资和资本家家庭花费那部分剩余价值时都不存在时滞。只要在资本循环之外不存在资本借贷，价值的守恒也可确保，只要（5.49）式和（5.50）式二者其中一个成立，另一个也一定成立。

现在将（5.46）—（5.48）式代入（5.49）式、（5.50）式，得到

$$S_I(t) = [1+p_I q_I] S_I(t - [T_P + T_R + T_F]) \quad (5.51a)$$

$$S_{II}(t) = [1+p_{II} q_{II}] S_{II}(t - [T_P + T_R + T_F]) \quad (5.51b)$$

假如两个部类以同样的速率 g 扩大再生产，则 $S_I(t) = S_I(0) \exp(gt)$，第Ⅱ部类与此类似。这样我们用同样的办法也可以解出资本循环的总模型，我们可以看到

$$g = \ln(1+p_I q_I) / [T_F + T_R + T_P] = \ln(1+p_{II} q_{II}) / [T_F + T_R + T_P] \quad (5.52)$$

我们假定两大部类 p、q 和时滞都满足这一关系。假如两大部类的时滞均相等，则 $p_I q_I = p_{II} q_{II}$。假如整个经济按照速度 g 平衡地扩大再生产，则每一部类销售额流量规模和资本支出流量规模之间也必定存在与此相同的关系，正如整个经济存在这样的关系一样（参见资本循环模型中扩大再生产那部分内容）。

$$S_I(0) = [1+q_I] C_I \exp(-g[T_R + T_P]) \quad (5.53a)$$

$$S_{II}(0) = [1+q_{II}] C_{II} \exp(-g[T_R + T_P]) \quad (5.53b)$$

扩大再生产条件下，等式（5.49）——扩大再生产所应遵循的比例关系——变为

$$S_I(0) = [1-k_I] C_I(0) + [1-k_{II}] C_{II}(0) \quad (5.54)$$

或者使用（5.53）式

$$[1+q_I] C_I(t - [T_R + T_P]) = [1-k_I] C_I(t) + [1-k_{II}] C_{II}(t) \quad (5.55)$$

依据（5.55）式我们可以解出扩大再生产一般性的比例条件，这是马克思在《资本论》（1893，第21章）结论的基础。

$$C_I(0) / C_{II}(0) = [1-k_{II}] \exp(g[T_R + T_P]) /$$

$$([1+q_I] - [1-k_I] \exp(g[T_R + T_P])) \quad (5.56)$$

在简单再生产条件下，因为 $p_I = p_{II} = 0$，所以 $g = 0$。等式 (5.56) 则简化为等式 (5.42)。

但是等式 (5.56) 同样给出了两大部类生产需要满足的比例关系，而且能够帮助我们解决一个马克思倍感头疼的问题。

马克思潜在地将扩大再生产问题当作一个时期模型，长度为 1 年。资本支出发生在年初，生产过程在年底完全结束。产品在第二年年初被售出。按照我们以往使用的符号，第 I 部类的 $C_I(t)$ 代表 t 年年初时的资本支出，$P_I(t)$ 为 t 年年末时制成品的流量，$S_I(t)$ 为 t 年年初时的产品销售额。相似的符号也适用于第 II 部类。马克思处理再生产问题时的假设为

$$P(t) = C(t) \quad (5.57)$$
$$S(t) = [1+q] P(t-1) \quad (5.58)$$
$$C(t) = S'(t) + pS''(t) \quad (5.59)$$

这样的假设适用于两大部类。他认为平衡的条件为第 I 部类的产出与两大部类对于不变资本的需求相等。

$$S_I(t) = [1-k_I] C_I(t) + [1-k_{II}] C_{II}(t) \quad (5.60)$$

马克思的分析由一系列不同的等式构成，但比较 (5.57) – (5.60) 式和 (5.46) – (5.49) 式可以发现，令 $T_P = T_F = 0$，$T_R = 1$，则他们与资本循环模型完全一致。这样的话，(5.56) 式就同样给出了马克思分析中平衡增长所需要的条件。由于在马克思的模型中 $[1+pq] = \exp(g)$（适用于两大部类），(5.56) 式变为

$$C_I(0)/C_{II}(0) = [1-k_{II}][1+p_I q_I] /$$
$$[1+q_I] - [1-k_I][1+p_I q_I] \quad (5.61)$$

(5.61) 式的意义在马克思的分析中是十分清楚的。假如生产开始时两大部类遵循了上述比例关系，则整个社会的扩大再生产就有可能继续顺利进行。假如是按照其他的比例关系，则扩大再生产平稳进行所要求的全部比例关系就不可能被满足。

比如，马克思在关于扩大再生产分析开始给出的一个一致的图解 (1893, pp. 505 – 521)。他给出了这样一个表，单位为任意的价值单位：

	c	v	m	c+v+s
I	4000	1000	1000	6000
II	1500	376	376	2252

马克思假设每一个部类都将剩余价值的一半转化为资本，这样在资本循环模型中，$p_I = p_{II} = 1/2$。马克思显然希望两部类有相同的资本构成，$k_I = k_{II} = 0.2$，而实际要做到这一点，第 II 部类的可变资本和剩余价值应为 375 而不是 376。两大部类的剥削率均为 1，因此，两大部类有着相同的成本收益率，$q_I = q_{II} = 0.2$。

当我们循着马克思的思路探寻这样一些假设的影响时，我们会发现，对于第 I 部类产品的需求由以下方面构成：本部类耗费的生产资料补偿、第 II 部类耗费的生产资料补偿和两大部类按照原有比例追加投入对生产资料的需求。对于第 I 部类生产资料的需求在本例中为 6050：

$$c_I + c_{II} + p_I [1 - k_I] s_I + p_{II} [1 - k_{II}] s_{II}$$
$$4000 + 1500 + 400 + 150$$

以上分析表明，对生产资料的需求会较第 I 部类的实际产出多出 50。类似的计算会表明，对生活资料的需求会较第 II 部类的实际产出少 50。这样一个矛盾困扰着马克思，在他的笔记中他用了好几页纸试图找到一个方法说明扩大再生产的比例问题。

产生这一矛盾的起因可在 (5.61) 式中找到。我们在 (5.61) 式中使用马克思所假定的参数时，就会发现，C_I 对 C_{II} 的比率要达到 2.75 才能实现平衡的扩大再生产。然而，马克思的初始比率为 5000/1875 = 2.6667。如果马克思一开始对第 II 部类资本的数值取为 1818.18，而不是 1875 的话，他就会发现平衡的增长条件是能够得到满足的。

马克思关于社会扩大再生产问题研究的一个核心观点是资本主义经济扩大再生产要求社会资本中生产生产资料的部分和生产生活资料的部分保持适当的比例。这样一个比例取决于两大部类积累过程中的一些基本的参数，资本构成、剩余价值率、剩余价值资本化比率、资本循环各阶段的时长等。在对于简单再生产的分析中，马克思清楚地提出了这一问题，并且使用大量的事例说明了这一问题。我们看到马克思在对扩大再生产的分析中继续坚持了自己的思想，这也使得我们有可能对再生产的比例关系问题给出一个一般性的解释，进而完成马克思在《资本论》第二卷中未完成的分析。

十 扩大再生产过程中的总需求

对"简单再生产条件下的比例关系和总需求"分析的概括为我们研究扩大再生产条件下的总需求问题提供了一个方法。为了简化数学分析，我们继续假设工人在工资的花费上不存在滞后，而资本家家庭在剩余价值的花费上具有相同的滞后期 T_F，就像资本主义企业花费其剩余价值份额时具有相同的滞后期那样。为了避免出现过多不必要的部类，我们同样假定奢侈品的生产也是在第Ⅱ部类当中。这样我们就能够得出商品的总货币需求

$$\begin{aligned} D(t) = & [1-k_I]C_I(t) + [1-k_{II}]C_{II}(t) + \\ & k_I C_I(t) + k_{II} C_{II}(t) + \\ & [1-p_I]S''_I(t-T_F) + [1-p_{II}]S''_{II}(t-T_F) \end{aligned}$$

(5.62)

第一行代表资本主义企业对于生产资料的需求，第二行代表工人家庭的花费，第三行代表资本家家庭剩余价值的花费。

如同简单再生产条件下那样，资本主义企业的支出完全来自其过去的销售所得。这样一个观点在资本循环的一般模型那里通过等式（5.5）和等式（5.38）得以表达。利用这两个等式，同时考虑资本家家庭和企业在花费其剩余价值时具有相同时滞这一点，我们可以简化（5.62）式为

$$D(t) = S_I(t-T_F) + S_{II}(t-T_F) = S(t-T_F) \quad (5.63)$$

等式（5.62）表明，只要假定资本的支出只能来自资本自身过去的销售，那么今天对商品的需求就会依赖于昨日的销售。假定整个资本主义生产以速度 g 进行扩大再生产，我们就会得到

$$\begin{aligned} D(t) = D(0)\exp(gt) &= S(t-T_F) \\ &= S(0)\exp(gt)\exp(-gT_F) \\ &= S(t)\exp(-gT_F) \end{aligned}$$

(5.64)

在简单再生产条件下，$g=0$，等式（5.64）不存在任何问题。等式（5.64）表明，现有总需求正好足够以适当的销售率将所有生产出的商品销售出去，从而确保再生产过程继续进行。正如我们已经看到的，资

本主义企业和资本家家庭在投资和消费上的时滞意味着他们必须有相当于 $S(0)T_F$ 的货币储蓄才能保证支出的正常进行。

但是在扩大再生产条件下，当 $g>0$，等式（5.64）就有可能造成一个困境，因为（5.64）式会表明对生产出的商品的货币总需求会小于扩大再生产顺利进行所需数量。只要 g 和 T_F 大于 0，差额就会存在。而且，需求与价值实现之间的差额还会随着生产的扩大而增大。让资本家一开始就有货币储蓄这种解决办法对于简单再生产有效，但对于扩大再生产则无效。初始有限货币储蓄总会在扩大再生产过程的某一个时点上被消耗殆尽。

这样一个困境的存在也吸引了马克思之后的一些人，特别是罗莎·卢森保（1913），她将自己对帝国主义的分析建立在对这一问题的分析之上。她认为，一个封闭的不断进行积累的资本主义经济经常会面对总需求缺乏的问题，这也迫使资本家不断去寻求海外市场来实现剩余价值。尽管卢森保在指出总需求和必要的价值实现之间上的不一致内生于马克思的分析这一点是正确的，但她的解决方法难以令人信服。外部的市场从哪里获得购买资本家剩余产品所需的货币呢？假如他们通过出卖劳动力或原材料等给资本主义经济，他们只是能够增加与他们出售商品等值的对商品的需求，需求的缺口依然没有被弥补。假设他们拥有大量的黄金储备可用于购买资本主义经济的商品，与封闭的资本主义体系同样的问题还会出现，随着扩大再生产的不断进行，任何有限的黄金储备在一段时间后都会被消耗殆尽。卢森保自己在对帝国主义的实例进行分析时意识到了这个问题的存在，帝国主义化国家中用于资本家商品购买所需的货币来自资本主义体系自身的货币贷出。当然，这一批判并不排除资本主义通过其他机制系统性地演变为帝国主义的可能性，如资本之间为获得受保护市场、获取劳动力或者重要的原材料而展开的竞争，或者是开拓新投资领域获利的机会日益减少造成的压力。

由于实际的资本主义经济维持了自身不断的资本积累而没有经常性陷入总需求不足问题，那么我们也就一定有办法解决（5.64）式的困境。马克思自己已在《资本论》第二卷的结尾部分（1893，pp. 522 - 523）提出了一个解决办法，这一解决办法被布哈林（1972）在他对于卢森保的批评中采纳了。马克思指出并非所有的商品都是通过交换获取货币来实现价值的。例如商品黄金，一旦被生产出来，已经作为货币形式的价值存在，因此不需要被出卖。假如有人能够准确地确定黄金生产部门的规模，而这样一个生产规模又恰好与商品供给和货币总需求之间的缺口相一致，那么商品出售的问题就被解决了。(5.64) 式右边所代表的货币需求就能够满足所有的非货币商品出售的需要，余下的部分为货币商品，它是不需要被出售的。黄金生产部门需要与其他部门保持相同的增长率以维持整个模型的平衡。当然，导致 T_F 缩短的金融方法也会降低对黄金生产部门规模的要求。

在现代资本主义经济中，黄金的生产发挥着非常小的作用，货币和黄金之间的联系也变得十分微弱。解决 (5.64) 式内在矛盾的一个新的方法是放松对于本期资本支出完全来自上期销售额的假设。假如部分资本支出来源于基于未来销售收入预期的资金借入，那么商品出售的缺口将会被弥补。这就要求 (5.59) 式变化为

$$C(t) = S'(t-T_F) + pS''(t-T_F) + B(t) \qquad (5.65)$$

$B(t)$ 代表借入的资本。假如我们使用 (5.65) 式来计算总需求，我们会得到

$$D(t) = S(t-T_F) + B(t) \qquad (5.66)$$

我们看到新的借入资本弥补了过去销售额所支持的商品需求与扩大再生产所要求的商品需求之间的缺口。事实上，资本家家庭的资金借入或者由国家出面进行的资金的借入都能够弥补这一缺口。整个经济体系可持续的增长率显然取决于借贷的水平：借款总额越高，整个经济体系可以实现的扩大再生产的速度就越快。

这样一个分析非常重要，因为它在信用与资本主义扩大再生产需要满足的条件之间建立了一个基本的联系。它表明危机时期，当总需求不足时，不能很好满足扩大再生产所要求的条件与信用规模的变化有关。

我们不准备继续对狭义假设下的再生产进行更深入的分析。通过已有的分析，我们看到代表积累过程的相关参数与信用（或者黄金生产）存在着必然的联系，但经济体系当中的一些因果联系被充分的平衡再生产假设所掩盖了。

十一　结论

《资本论》第 II 卷通过对资本循环的分析为我们建立了一个关于资

本主义生产体系的正式模型。以此为基础，我们建立了简单再生产和扩大再生产的资本循环数学模型。在模型中我们看到，资本主义生产关系和生产力的发展决定了资本主义生产体系扩张的速度，而资本主义生产关系和生产力的发展是通过剩余价值率、资本构成、资本循环各阶段的时长、剩余价值资本化比率等反映出来的。令人惊讶的是这些决定因素中并不直接包括劳动力或生产所需的原材料的可获得性问题。劳动力的短缺当然会提高工资，降低剩余价值率，这就如同原材料的短缺会提高原材料成本进而降低资本构成一样。但资本始终都要面对来自其内部对于扩张动力的限制因素。

第六章

利润率的平均化

一 利润率（《资本论》3.1–3.4）

马克思对于资本主义生产分析的基本点是剩余价值源自无酬劳动。但马克思认为，资本主义经济关系的当事人很难察觉这一事实。商品关系往往掩盖了维持这些关系的社会现实，因此，不作批判性的理论探索，剩余价值的来源就不明显。比如，当一个工人按照劳动力的价值将其出卖给一个资本家的时候，他很难意识到他的劳动中包含剩余劳动。只有当工人从社会关系的整体出发才能够看到资本家作为一个阶级在占有工人阶级的剩余劳动。

同样的问题也在困扰着资本家。资本家主要关心的是他自有资本的扩张，因为资本看起来是一个可以自我增值的价值。这样，剩余价值对于资本家而言就是一个全部预付资本的增值。剩余价值对工人的剥削问题对于单个资本家而言就显得过于抽象和毫无关系了。

从数量关系表达的角度来看，剩余价值来源的神秘性源于将剩余价值看成是全部预付资本（或所用资本）的结果而不是将其看作是可变资本，或剩余价值率存在的结果。这样一个比率被称作利润率。在实际的资本主义经济中，资本家的剩余价值面对很多扣除：为非生产性销售劳动支付的工资和管理费用、租金、利息和税收（第七章）。此时，我们忽略剩余价值的各种具体形式而仅关注全部剩余价值与全部资本的比率，这是一种较资本家计算利润率更宽泛的剩余价值的测度方法。（假如所有的扣除都不存在时，这样的测度方法与习惯上使用的利润率就一致了。）

如果我们用 K 来表示生产中的全部所用资本，则利润率 r 为

$$r = s/K = [s/v][v/\{v+c\}][\{v+c\}/K] \quad (6.1)$$

或者

$$r = ekn = qn \quad (6.2)$$

$e = s/v$ 是剩余价值率或者剥削率，$k = v/[v+c]$ 是资本的构成，$n = [v+c]/K$ 是资本的周转率，也就是预付资本的流量与资本循环过程中生产领域的存量资本之间的比率。在资本循环模型中，简单再生产条件下 $n = 1/[T_P + T_R + T_F]$，扩大再生产条件下资本周转率的计算方法在第五章当中已有说明。

利润率将剩余价值与全部预付资本联系在了一起。在这样一种表达下，劳动价值论所认为的剩余价值的真正社会来源被掩盖掉了。第一，不变资本与可变资本之间的区分被抹杀了，因为利润率的计算是以资本家支出的全部成本为基础计算的，没有区分劳动力成本和非劳动力成本。第二，资本周转率概念的引入将剩余价值与全部投入的资本联系在了一起，而不只是那些价值在生产周期末端产成品中出现的那部分资本。

关于利润来源的理论是解释利润率及其变化的基础。在等式（6.1）中，利润率的分解给我们提供了分析方法，因为利润率的任何变化必然是剩余价值率、资本构成、资本周转率变化的结果。这样一种解释与新古典经济学从资本的边际产品或稀缺资本的价格或是当期产品与未来产品跨期均衡的相对价格角度进行的解释完全不同。

二 利润率的平均化（《资本论》3.8 – 3.10）

新古典经济学与马克思主义经济学都认为资本主义经济中不同部门的利润率在竞争的作用下趋向于平均化。对这一现象最简单的解释是资本会从利润率低的部门转向利润率高的部门。这样一种转移会降低利润率偏低部门产品的销售压力，提高其产品价格，进而提高其总体的利润和利润率。与此类似，资本的转移会提高利润率偏高部门产品的销售压力，降低其产品的销售价格，进而减少该部门总体的利润和利润率。这样一个转移过程的存在将会推动不同部门利润率的平均化。

对于平均利润率概念，必须恰当地理解。上面提及的理论并不认为

我们可以指望实际资本主义经济中各个部门的利润率时刻都保持相等。技术变化、需求、生产所需资源的可获得性时刻都在改变着不同生产部门的成本结构，形成利润率的差异。资本间的竞争一方面在销蚀着利润率的差异，另一方面也在不断产生着利润率的差异。而且，当我们降低抽象水平时，资本竞争理论的适用性会受到限制。假如资本的流动存在阻碍，显然利润率的平均化过程也就无法进行。假如一些企业在生产规模上存在优势，或者其使用的生产技术不为其潜在竞争者所知或者受到法律的保护，那么资本流动所致的利润率平均化趋势可能就不会出现，甚至在很长时间内不出现。这样一些可能性与利润率平均化趋势并不矛盾，因为它们只是代表着对利润率平均化趋势的限制。

新古典经济学与马克思主义经济学甚至认为资本在不同部门之间实际的流动是为了推动利润率平均化也是不必要的。资本流动造成的威胁是推动高利润率部门价格和利润率下降的主要力量，实际并没有资本流入该部门时也是这样。

经济学家一般来说都会赞同不同部门利润率平均化的经济模型。这些模型可以在不同的基础上进行讨论。第一，如果调整的过程是迅速的，实际的经济将会呈现出不同部门的利润率非常接近于相同，精确的平均化模型也许就是一个好的模拟。第二，如果实际经济遭受重大冲击，资本流动遇到重要阻碍，那么对利润率平均化模型的研究就是对这一经济理论逻辑是否一致的很好的检验。第三，假如一个理论可以很好地解决利润率平均化问题，并且在分析中可以纳入对竞争限制因素的分析，那么这一理论就有可能用于对竞争失效问题的分析，而竞争失效问题对于实际经济而言是十分重要的一个问题。

对于存在利润率平均化的经济进行研究还有另外一个更抽象也更黑格尔化的合理的命题，即资本从现象上看似乎是自我增值的价值（当然，在劳动价值论那里，自我增值的秘密是很简单的，就是由于对工人剥削的存在）。这样，资本最简单的规定性就是自我增值率，或者潜在的自我增值率，也就是利润率。因为，我们想从研究资本的总体开始，那么假定所有的资本在这个最基本的规定性上都相同就是很自然的事情。即，假定所有的资本有着相同的利润率。这是通往整个分析的第一步，在整个分析中，我们将会引入一些特定的要素来说明资本间的不同特点以及不同资本间利润率差异的原因，这些因素包括不均衡的技术进步、垄断以及竞争的法律障碍等。

三 等价交换与利润率平均化不相容（《资本论》3.8）

在等价交换的前提下，也就是说，每一种生产出的商品的货币价格等于其直接或间接所包含的社会劳动与货币价值的比值时，每一个部门新创造的价值与这个部门所耗费的劳动时间成比例。假如不同部门间的工资相同，则剩余价值率在所有的部门都相等，且生产出来的以及实现的剩余价值量与这个部门所耗费的劳动时间成比例。但是，每一单位劳动时间所占用的资本的数量在不同的部门是不同的。假如投资于某一部门的资本的剩余价值率确实不同于其他部门——也没有好的理论或经验方面的原因可以认为会相同，那么该部门的利润率也就会不同于其他部门。这样的话，劳动价值论和等价交换的假设与跨部门的利润率的平均化就会出现不一致，这一点马克思在写《资本论》第Ⅲ卷关于利润率的平均化问题时（在第Ⅰ卷出版之前）就清楚地知道。

一个非常简单的两部门模型可以用来说明这个问题。假定存在两个部门，分别生产小麦和钢铁，每生产1单位小麦需要投入1单位劳动和1/4单位钢铁，每生产1单位钢铁需要投入1单位劳动和1/2单位钢铁。占用的资本等于劳动者的工资总和和钢铁投入的成本。我们可以用下表来表示：

产品	投入		劳动	产出
	小麦	钢铁		
小麦	0	1/4	1	1
钢铁	0	1/2	1	1

1单位钢铁中直接或间接包含了多少单位的劳动呢？假如 vs 是1单位钢铁的劳动价值，它必然满足下列等式

$$v_s = 1 + [1/2] v_s \tag{6.3}$$

因为1单位钢铁的生产中耗费了1单位的直接劳动，再加上耗费的1/2单位钢铁中包含的1/2单位劳动。与此类似，1单位小麦的劳动价值 v_w，必然也满足下列等式

$$v_w = 1 + [1/4] v_s \tag{6.4}$$

这样两个等式非常容易解出［事实上（6.3）式自身就可以求出结

果], $v_s = 2$, $v_w = 3/2$。假如货币的价值为 1，也就是说，1 美元所代表的是 1 单位劳动所创造的价值，那么钢铁和小麦的价格按照等价交换的原则应为 $p_s = 2$ 美元，$p_w = 1.5$ 美元。每 1 单位钢铁中新附加的价值和每一单位小麦中新附加的价值一样，都为 1 美元。

假定每一单位劳动力的工资为 0.5 美元以及 1 单位劳动力对应的是 1 单位实际耗费的劳动时间。那么 1 单位钢铁的剩余价值即为 0.5 美元，每单位小麦包含的剩余价值也是一样。每单位钢铁占用的资本为 1.5 美元（其中的 1 美元对应的是期初购买 1/2 单位钢铁的成本，0.5 美元对应的是期初支付给劳动者的工资）。每单位小麦占用的资本为 1 美元（其中的 0.5 美元对应的是期初购买 1/4 单位钢铁的成本，0.5 美元对应的是期初支付给劳动者的工资）。在这样的价格之下，钢铁生产部门的利润率为 1/3 = 0.5 美元/1.5 美元 = 33.33%，而小麦生产部门的利润率为 1/2 = 0.5 美元/1 美元 = 50%。

这一结果一般来说是正确的。除非每一单位工人占用的资本价值在不同部门之间相等，否则，在等价交换和不同部门工资率相等的条件下，不同部门的利润率就不会相同。当然，在实际当中，部门间的工资率并不相同。但没有理由认为这样一种工资差异（劳动技能或不同部门工人谈判地位差异造成）与不同部门间每单位劳动使用的资本数量有关。也就是说，工资率的实际差异无助于利润率的平均化。

我们可以仿照马克思在《资本论》（1894, pp. 155 – 157）当中的做法用一个图表来表示这一模型。我们将会发现存在如下的关系：

部门	c	v	s	c+v+s	p	s/v	r(%)
小麦	5000	5000	5000	15000	1.5	1	50.00
钢铁	10000	5000	5000	20000	2	1	33.33
总和	15000	10000	10000	35000		1	40.00

问题（经常被称为"转形问题"）是如何来说明利润率的平均化与劳动价值论的一致性。

四 马克思的方法（《资本论》3.8）

马克思认为利润率的平均化与劳动价值论是一致的，前提是放弃等价交换的假设，允许商品的价格高于或低于其所包含的直接和间接劳动量。劳动价值论在如下意义上仍然是正确的，即总的增加价值仍然反映总的社会劳动时间。跨部门的利润率平均化后形成的价格，马克思称之为"生产价格"。

马克思对上一部分中所列举的例子做了如下处理。钢铁生产部门的利润率低于平均水平，但小麦生产部门的利润率高于平均水平。这样的话，小麦的价格就会下降，钢铁的价格必然会上升。马克思认为这样的价格变化仅是对两个部门所创造的剩余价值的重新分配。事实上，转移1000美元的剩余价值从小麦生产部门到钢铁生产部门，我们会发现，利润率会变得相等，而每一个部门的不变资本和可变资本规模都不发生变化。新的表格如下：

部门	c	v	s	c+v+s	p	s/v	r（%）
小麦	5000	5000	4000	14000	1.4	1（0.8）	40.00
钢铁	10000	5000	6000	21000	2.1	1（1.2）	40.00
总和	15000	10000	10000	35000	1		40.00

小麦和钢铁的新的单价是通过总价（小麦那里为14000美元）除以产出量（10000）得到的。马克思认为在资本间竞争的作用下小麦的单价将会跌到1.4美元，而钢铁的单价将会涨到2.1美元。货币的价值仍保持不变，因此小麦的价格会低于其价值（1.4美元反映的是单位小麦中包含1.4单位的劳动，但实际上单位小麦中包含的劳动为1.5个单位），而钢铁的价格高于其价值。每一部门生产的剩余价值率并没有发生变化，但每个部门实际获得的剩余价值率已经变了（圆括号中的比率反映了这一点）。

马克思进一步认为，剩余价值的再分配对于总的价值的流量不发生影响。因此，劳动价值论对于经济整体而言仍然是正确的。他发现生产价格的这一方法保持了如下几个方面的不变：（1）总增加价值，总剩余价值，总可变资本和总的社会剩余价值率；（2）不变资本和社会整体的销售总价；（3）经济总体的平均利润率。

马克思认为他的方法是就总体而言的，对于整个经济来说，计算出利润率平均化形成的生产价格，同时维持劳动价值论的各种结论不变，是有可能的。

假如这样一种方法是可以接受的，那么就需要有力地证明劳动价值论与利润率平均化之间的一致性。事实上，由于技术变化、垄断或国家干预等因素的存在,劳动价值论能够与任何定价规则相一致,甚至是那种不能使利润率平均化的规则。

五 马克思分析方法的缺陷(《资本论》3.9)

当《资本论》第 II 卷出版时,恩格斯向非马克思主义经济学家提出挑战来解决关于劳动价值论与利润率平均化之间一致性问题(事实上,二者的不一致是李嘉图学派经济理论发展延伸出来的一个问题),并将其纳入出版的第 II 卷中。恩格斯断言,马克思已经说明了二者之间的相互关系并且成功地说明了他的方法优于那些非马克思主义经济学家的方法,尽管那些方法也有许多吸引人之处。恩格斯这样一个多多少少有点大胆的表态,使得当《资本论》第 III 卷出版时,那些具有敌意的批判性的言论指向了马克思的解决方法。

批评者迅速将矛头指向了马克思分析方法的不一致问题。他们认为这种不一致出现在最终的图表中,在我们的例子中也就是,单位钢铁的售价为 2.1 美元,但生产者在购买钢铁时却仍按照其最初等价交换时的价格 2.0 美元购买。假如钢铁的单价为 2.1 美元,则生产 10000 单位的小麦需要 2500 单位钢铁,其总价为 5250 美元,而不是 5000 美元,而钢铁部门生产所需的 5000 单位的钢铁总价为 10500 美元。经过这样一种调整,最终的图表为:

部门	c	v	s	c+v+s	p	s/v	r(%)
小麦	5250	5000	3750	14000	1.4	1 (0.75)	36.59
钢铁	10500	5000	5500	21000	2.1	1 (1.1)	35.48
总和	15750	10000	9250	35000		0.925	35.92

但是在这个图表中,两个部门的利润率不再相等。而且,整个社会的剩余价值率和利润率都发生了变化,整个社会新创造价值的数量也发生了变化,进而货币的价值也发生了变化。

这样一个对于马克思分析方法的批判被多数人认为是正确的。一些人甚至认为马克思在可变资本的分析上也存在不一致。在最初的等价交换的图表中,货币工资为 0.5 美元,小麦的价格为 1.5 美元。假如某一时点上,工人将全部的工资用于小麦的购买,则意味着每单位劳动力的实际工资为 1/3 单位小麦。在马克思的分析中,当小麦的价格已经跌到

1.4美元时，假如货币工资仍为0.5美元，1单位劳动力的实际工资则会上升为0.357单位小麦。这些批评对于马克思在《资本论》（1867，pp.170-171）中关于劳动力商品价值是再生产劳动力所必需的生活资料的价值的论述有着重要影响。假如1/3单位小麦在等价交换图示中是再生产1单位劳动力所必需的，他们认为，在转型之后，这部分小麦就超出了必需的部分，而且马克思没有将实际工资向下调整为0.4667美元（当小麦价格下降为1.4美元时购买1/3单位小麦的所需），这就使得图示需要进行一些调整，不仅调整不变资本的价值也要调整可变资本的价值。

第二种批评并没有被广泛接受为正确的。因为，劳动力价值是可以被解释的，如我们稍早前看到的，劳动力价值是货币工资与货币价值的乘积或劳动者实际消费的包含在商品中的劳动。这样两种解释在等价交换条件下是一致的，但等价交换的假设在分析转型问题时遇到了问题。假如我们坚持关于劳动力价值的最初的定义，也就是将劳动力价值视为一单位社会劳动力以工资的形式获得的回报，那么在涉及转型的图示中就应当做第二种调整。我们需要做的是维持货币价值和货币工资不变。在马克思解决转型问题的方法中，已经做了一些调整，但如同我们已经看到的，当我们引入产出价格作为不变资本的价格时，货币的价值发生了变化。

重复不断地使用马克思的方法，也就是不断地重复转型过程，直到价格和利润率一致，这一点是可能的（谢赫，1977）。最终图表的特征严格地取决于这样一个重复计算过程是如何进行的，以及在重复计算过程中哪些变量是保持不变的。解决问题的办法还可以是列出价格和利润率需要满足的条件，然后求解最终的等式。

六 马克思分析方法的完成

我们首先表明马克思的分析方法应当遵循马克思关于转型过程只是剩余价值的再分配过程这一观点。这一观点要求在分析转型问题时，应维持货币价值和劳动力价值（在货币价值与货币工资的乘积的意义上）不变。

按照我们所举例子中的说法，最终的产品价格和利润率应满足以下等式：

$$p_s = [1+r]([1/2]p_s + 1/2) \quad (6.5)$$
$$p_w = [1+r]([1/4]p_s + 1/2) \quad (6.6)$$
$$10000(p_s - [1/2]p_s) + 10000(p_w - [1/4]p_s) = 20000 \quad (6.7)$$

在给定工资率为 1/2 的前提下，前两个等式要求两个部门的利润率相等，第三个等式要求两部门新创造价值相等（为了保持货币价值的一致）。求解以上等式可以得到 p_s = 2.2078 美元，p_w = 1.4480 美元，r = 37.65%。最终的图示为：

部门	c	v	s	c+v+s	p	s/v	r(%)
小麦	5520	5000	3960	14480	1.448	1 (0.79)	37.65
钢铁	11040	5000	6040	22080	2.208	1 (1.21)	37.65
总和	16560	10000	10000	36560		1	37.65

这一方法适用于任何数量的商品和任意投入产出的系数结构。值得注意的是马克思在他的分析方法中提出的第一组要求在这里都得到了满足：新创造价值、剩余价值以及剩余价值率与最初的等价交换图示完全一致，但后两组要求在这里没有被满足。不变资本的价值发生了变动，其结果是，商品的总价也发生了变动，社会平均利润率（37.65%）也发生了变动，不再是等价交换条件下的 40%。最终的图示在以下意义上与劳动价值论的基本要求保持了一致，全部的新创造价值与全部的社会劳动时间相对应，剩余价值与工人的无酬劳动相对应。剩余价值仅是通过不等价交换被重新分配。

实际工资确实提高了。假定工人只是消费小麦，货币工资 0.5 美元可以购买 0.345 单位的小麦而不是最初图示中所显示的 1/3 单位小麦。

七 马克思分析方法的失效

假如我们像博特基维兹（1949）、西顿（1957）、森岛通夫（1973）和米迪奥（1972）等人所做的那样，坚持劳动力价值是工人消费的生活资料当中所实际包含的劳动时间，那么我们必须继续做一些不同的事。转形过程中，应保持不变的不是货币的价值，而是实际工资。等式如下：

$$p_s = [1+r]([1/2]p_s + w) \quad (6.8)$$

$$p_w = [1+r]([1/4]p_s + w) \quad (6.9)$$

$$w = [1/3]p_w \quad (6.10)$$

在给定货币工资为 w 的前提下，前两个等式要求两个部门的利润率相等，第三个等式要求货币工资应等于购买 1/3 单位小麦所需。通过这三个等式可以解出利润率 r，以及价格的比率 p_s/p_w。r = 39.45%，p_s/p_w = 1.5354。现在我们可以选择以何种方式来分析价格。比如，我们可以要求新创造价值仍为 20000，以方便我们与上一部分中的分析进行比较。在本例中，我们可以得到 p_w = 1.4452 美元，p_s = 2.219 美元，工资为 [1/3] pw = 0.4817，最终的图示如下：

部门	c	v	s	c+v+s	p	s/v	r（%）
小麦	5547	4817	4088	14452	1.445	1（0.85）	39.45
钢铁	11095	4817	6278	22190	2.219	1（1.31）	39.45
总和	16642	9634	10366	36642	1.076		39.45

虽然利润率实现了平均化，货币价值保持了不变。但对应的社会剩余价值率由 1 变为 1.076，剩余价值从 10000 变成了 10366。

使用这一方法计算任意数量商品和任意投入产出系数结构的利润率平均化问题都是可能的，但是一般来看，这一结果不应被看作是剩余价值再分配造成的。在本例中，马克思首先宣称的两部分没有得到满足，也就是剩余价值和剩余价值率在转形中保持不变，就没有得到坚持。当然，我们可以以相同的比率选择小麦和钢铁的价格，但这样的话，剩余价值的总和就为 10000。然而，新创造价值已经发生了变化，剩余价值率仍然为 1.076，与最初的取值 1 并不相同。

八 转形问题的意义

看起来很不可能，但事实上我们上面所说明的那种差异在《资本论》第Ⅲ卷出版后，就成为技术经济学在讨论劳动价值论的一致性以及它对于经济的分析的有效性问题时所关注的焦点。在这样的讨论中，有三点需要明确。

第一，大量劳动价值论批评者坚持认为，唯一的保持一致性的方式是在解决转形问题时坚持实际工资不变，这才是《资本论》（1867，

pp. 170 – 171) 中关于劳动力价值决定的相关论述的正解。但正如我们已经看到的，这样的方法使得将利润的转移看成是剩余价值的再分配这一点不成立了。一些批评者，特别是萨缪尔森（1971）和罗宾逊（1960）将此作为劳动价值论不属于正确的经济分析的决定性证据。在他们看来，这样一种对于价值问题的讨论对于经济的分析来说毫无意义，它与直接从产品价格开始展开的分析基本一样。这样的观点忽略了劳动价值论是关于商品生产过程中新创造价值代表社会生产过程中耗费的全部劳动时间的理论。这样的批评混淆了劳动价值论与等价交换假设。

第二，一部分劳动价值论的维护者接受了这样的解决方式，即坚持实际工资不变，因而认为由利润率的平均化决定的实际工资只与真实的劳动价值有着较远的扭曲的联系。尽管这样，这些维护者仍然坚持图示中的劳动力价值与实际工资之间在下述方面存在着质的联系，即当且仅当按照劳动力价值计算的剩余价值为正时，实际的利润率才为正——森岛通夫（1973）称这种关系为马克思理论的基础。作为结果，这样一种观点的追随者认为劳动价值论只具有非常弱的经验主义的作用。

第三，作为劳动力价值是货币工资与货币价值乘积的拥护者，如迪梅尼尔（1980）、利皮兹（1982）和福利（1982）认为，马克思分析的基本点是新创造价值准确代表了全部社会劳动时间，剩余价值准确代表了无酬劳动时间。他们采用完善马克思方法的第一种方法，坚持马克思的这些基本观点，认为劳动价值论完全可以作为一种一致的和准确的分析框架用于经济的经验分析。事实上，从这样一种观点出发，利润率的平均化就变得无关紧要了。无论市场价格是多少，即使资本间的竞争在重要的方面失效，劳动价值论始终是资本主义生产关系的一个正确和有效的分析工具。价格与价值的背离所引起的问题就成为通过不等价交换进行剩余价值再分配的次要问题。

九 总结

利润率是呈现在资本主义经济体系参与者面前的剩余价值及其决定因素的表现形式。在这样一种形式下，剩余价值与无酬劳动之间的联系看不到了。资本自身看起来成为利润的源泉和利润数量的决定因素；那些拥有更大规模资本的资本家得到了剩余价值中的更大的份额。

但对于单个工人或单个资本家来说无法看清的问题，当我们从整个社会的角度来看时就会变得很清楚。总的社会剩余价值与总的社会劳动时间在工人和资本家之间的分割的联系就变得十分容易理解。通过劳动力价值的概念将利润率、劳动生产率和工人的生活水平联系在一起，这对于说明利润率的决定及其变动很有帮助。

对劳动价值论的传统经济学批评基于这样一种主张，即在一般生产模型中不可能保持剩余价值与无酬劳动之间逻辑上的一致联系。我们已经看到这样的批评建立在两种认识之上。第一种认为，劳动价值论（主张社会新创造价值代表社会劳动时间）与等价交换假设（所有商品的货币价格准确反映劳动价值）不合逻辑地混在一起。第二种认为，劳动力价值应当被解释为工人所消费的商品中所包含的实际劳动，而不是被当作劳动力工作 1 小时换得的工资所代表的一定数量的抽象社会劳动。我们已经看到，将劳动力价值解释为一定数量的抽象社会劳动在逻辑上是可能的，而且在这样的假设下，严格证明剩余价值与无酬劳动时间之间的数量上的关系也变得可能。

对于转形问题，看起来没有什么特殊的理由拒绝将劳动价值论当作是对资本主义经济关系的一种实用的、具有可操作性的分析工具。

第七章

剩余价值的分割

一 剩余价值的表现形式(《资本论》3.16–3.18,3.21–3.25,3.37–3.45)

在现实资本主义经济中,我们可以观察到很多重要的收入获得似乎与对工人的直接剥削毫无关系。例如对未改良土地的所有者收取租金,尽管他的土地上没有任何的劳动付出。货币的所有者按照一定的利息率将钱借出,而不是作为资本家出现在劳动力市场或组织任何生产。许多公司仅靠一手买入一手卖出的商业活动就获取丰厚的利润,即使在此期间他们没有添加任何劳动。这样一些收入在资本主义社会中发挥着重要作用。许多人据此找到了他们存在的意义。这样的话,假如我们希望把握资本主义经济内在的运动机理,我们就必须了解以上这些现象与资本主义生产之间的关系。

上述的事例对劳动价值论都提出了挑战,因为在每一个例子中,收入的获得与生产过程中对工人的实际剥削都分离开来。马克思希望通过对这些现象的分析来说明劳动价值论和剩余价值理论在分析整个资本主义经济现象上的正确性。在每一个事例的分析中,马克思都采取了相同的形式。他认为这些收入的产生是因为这些收入的获得者在与剩余价值最初的占有者即生产领域的工业资本家的交易中处于一种有利的地位。各种收入的形式——租金、利息以及商业利润在马克思的分析框架中都被看成是对剩余价值的扣除,其整体的数量已经由实际耗费的社会劳动时间和劳动力价值决定。对于这些问题,理论所要做的就是说明这些特定的收入形式是如何产生的并解释其运行状况。

二 租金(《资本论》3.37 – 3.45)

(一) 不同的租金和利润率的平均化(《资本论》3.38)

马克思关于生产价格的概念表明,当所有的资本家都采用相同的技术时,资本主义生产体系中的利润率是如何被平均化的。但现实资本主义经济中,不同资本采用的是不同的技术。例如,一些资本家会首先采用一些新的超过平均水平的生产技术。关于这一问题,马克思在关于利润率动态下降趋势的分析中用一定篇幅进行了说明,我们将在第八章当中看到这些分析。资本主义生产商也会因为特定资源在生产率上的天然差异而存在使用生产技术上的差异。比如,农业生产中土地肥力的差异。在采矿业中,生产同样数量的产出,富矿所需要花费的劳动就比较少。假如所有的资本家面对的劳动力和其他投入品的价格都相同,他们生产产品的价格也相同,那么那些拥有较优质资源的资本家其生产成本就会更低,利润率会更高。而这些又是如何与资本家之间的竞争导致的利润率平均化趋势相协调一致的呢?

马克思从假设初始状态下不存在对优质资源的所有权入手解决这一问题。任何人都可以在水草丰美的土地上放牧他的牛群,或者在富矿的矿脉上开采矿石,或者在油田上竖井采油。在这样的条件下,这些优质的资源将会被占满和过度使用,所有的资本家都将使用相同的技术,都有着相同的利润率。现代资源配置理论将这种情况称为"公地悲剧",并且强调这样会导致资源配置的无效。马克思则从另一个角度来看待这一情况,其基础是资源所有者与资本家这样一种新的社会关系的出现。

假定现在出现了对于稀缺的优质资源的所有权,这将意味着一些人或者其代理人就拥有了排他性的优质资源的使用权。资源的所有者可以就获取部分剩余价值与使用优质资源的资本家进行谈判。事实上,资源所有者在谈判中总能确保可以获取可能因使用其资源而降低成本所带来的全部超额剩余价值。只要平均利润低于这部分超额剩余价值,资本家就会有动力使用这部分资源。假如高于超额剩余价值部分了,资本家就会走人。

马克思通过分析瀑布主人(瀑布可以作为磨坊的动力源)的事例来说明他的理论。假定生产可以选择使用蒸汽机作为动力,使用蒸汽机时每单位产品的成本为 90 美元。假如利润率为 33.33%，资本周转速度为 1（这意味着这部分成本就是资本的全部投入），产出的价格为 120 美元，90 美元的成本加上 30 美元的利润（90×33.33%）。假如一个资本家使用瀑布作为动力源，他可以避免为蒸汽支付成本。假如使用瀑布时每单位产品成本为 60 美元。假如不存在瀑布的租金，每单位产出资本家就可以占有 60 美元的利润。其利润率将会上升为 100%，远高于平均利润率 33.33%。马克思认为，此时，瀑布主人在谈判中会要求使用瀑布的资本家每单位产出支付 40 美元的租金，留 20 美元利润给资本家，而这 20 美元的利润来自使用瀑布生产时 60 美元的成本支出，这样就会使得使用瀑布与使用蒸汽的利润率相同，使得使用瀑布的利润率平均化。

这样一种分析得出的重要结论是租金是社会创造的收入而不是土地具有生产价值的能力。比如说，如果使用蒸汽时的成本下降到 60 美元，按照上面说明过的情况，瀑布主人希望占有的租金将会消失，尽管瀑布仍然是主人可用于生产的财产。假如瀑布不存在所有权问题，其潜在的可用于生产的特性依然会存在，但租金没有了。

这种分析与李嘉图的租金理论在基本的方面是相似的，但马克思明显保留了一部分李嘉图试图摒弃的结论。

（二）绝对地租（《资本论》3.45）

马克思还花费了一点时间用来说明绝对地租这样一个按照现代社会的观点看起来有点神秘的问题。绝对地租指的是支付给土地所有者的与土地的相对生产能力无关的那部分货币。这样一种支付在 19 世纪德国农村的社会关系中发挥着重要的作用。因此马克思对这一问题给予了关注，但至少在 20 世纪发达的资本主义国家中，这样一种支付所发挥的作用已经很小。

土地所有者只有通过私人的协议或者法律的限制才能保证获得绝对的地租租金。如果土地所有者之间不存在共谋，那么竞争的出现将会使得土地租金中的绝对地租部分趋近于 0。马克思以如下方式表达了以上的观点，即绝对地租的存在是一个阶级现象，它反映出土地所有者作为一个阶级组织起来与农民和资本主义租地农场主之间发生关系时的力量。只有当土地所有者作为一个阶级存在时他们才可能获得一个独立于土地实际生产能力的租金。

(三) 作为社会剩余价值的地租（《资本论》3.37）

当地租（不管是级差地租还是绝对地租）由资本家支付时，这部分租金就是社会剩余价值的一部分。它的存在并不会改变马克思以往说明过的那些关于生产领域中价值决定或剩余价值占有等基本原则。

与稀缺资源不存在所有权以及所有资本家使用相同技术这种状况相比，稀缺资源租金的存在对于生产价格将会产生影响。如同瀑布例子中说明的，单个资本家将租金看作是对总利润的扣除。生产价格将会上涨到保证使用最差资源的资本家也能够获得平均利润率的高度，优质资源的租金也会调整到使使用它的资本获得平均利润率的水平。

当导致租金产生的稀缺资源占有消失时，对于资本主义体系而言，在不需要知道任何有关跨部门社会资本配置情况的条件下，仍有可能计算出生产价格。因为，此时资本从一个部门转移到另一个部门时，不会导致成本条件发生任何变化。但是当一个部门存在稀缺资源占有时，该部门的生产规模将会影响到临界资源的质量，进而影响到该部门的生产价格。在瀑布的例子中，假如磨坊部门的社会产出下降到使用蒸汽的生产者无法生产时，瀑布就成为可使用的成本最高的生产方法，这时使用瀑布产出的价格将会下降，直到使用瀑布的生产者按照其较低成本及投入资本获得平均利润率时为止。此时租金将会消失并且该部门的生产价格将会发生变化。

三 利息（《资本论》3.21 – 3.25）

(一) 利率和借贷（《资本论》3.21 – 3.22）

在经济生活中，当一人借钱给另外一人时，出借者通常处于这样的地位，即不仅可以要求偿还本金，还可以要求再增加一部分称为"利息"的额外的货币。利息是剩余价值最简单的形式，因为在预付的货币与利息的占有之间不存在任何的媒介。按照马克思的图示表示为：

$$M—M + \Delta M \tag{7.1}$$

M 代表借出的货币量，或者本金，ΔM 代表利息，或者随同本金支付的剩余价值。当我们用本金和借贷的期限去除利息时，我们能够得到一个净回报率，即"利息率"。假如一个贷出者借出 1000 美元，期限为 1 年，在年末时收到 1100 美元，则利息为 100 美元，利息率为每年 10%。

利息的历史可能和货币的历史一样古老，因此可能和商品形式也一样古老。但在不同的社会中，借入者和贷出者的动机是不同的，同样，解释利息率采用的原则也会不同。比如，在古罗马，借入者通常是继承人，他希望在被继承人去世前花掉一些最终属于他的财产。在此种情形之下，利息的支付大概含有保险费的意思，用以保护贷出者免受继承人可能先于被继承人去世带来的风险。在传统的农业社会中，农民往往在收成很差时借钱来保证自己的生存。在现代资本主义社会中，资本主义企业进行大量的借贷行为，他们的动机主要是占有剩余价值和遇到破产危机时保证自身的生存。但还有非常重要的一部分借贷来自家庭和国家，其中家庭借贷主要用于购买房屋和消费。

由于利息的支付代表着价值的转移但没有等值商品的流动，因此利息必然是以不等价交换或者剥削为基础的。剥削可以是直接的也可以是间接的。例如借钱度日的穷苦农民，他支付利息靠的是他自己的劳动和产品，受到的剥削是直接的。古罗马社会中的继承人，他支付的利息最终来源于财产的收入（这些收入建立在对奴隶的剥削之上）。对于资本主义企业而言，它支付的利息来自从工资劳动那里无偿占有的剩余价值，来自对他人的剥削。基于不等价交换或剥削基础上的利息分析没有对借贷交易的动机作分析：参与借贷的双方对这种借贷行为都很满意，并且认为有这样的借贷机会是一件很好的事情。但是从社会的角度来看，转移的价值源自社会劳动，并且利息形式表明收取利息的贷出者直接占有了等值的社会劳动时间。

（二）资本主义生产中的利息 （《资本论》3.23）

尽管在发达资本主义社会中，家庭和国家的借款行为十分重要，但马克思还是将注意力集中在了资本主义企业的借款行为上，他认为源自企业间的借贷行为是利率形成的决定性因素。资本家为了获得货币资本，首先要借入款项，然后将其投入资本循环当中，最终占有一定数量的剩余价值。当借贷行为被纳入考虑范围时，我们可以将马克思关于资本循环的图示扩充为

$$M_0—M—C\ \{LP,\ MP\}\ \cdots\ (P)\ \cdots C'—M'—M_0' \qquad (7.2)$$

M_0代表贷出者的本金，它被借给资本家，然后像其他货币资本一样经过资本循环，参与剩余价值的占有。M_0'为资本的借入者偿付给资本贷出者的本金和利息。

马克思总结说，资本主义企业支付的利息是资本生产过程中占有的剩余价值的一部分。然而，在资本主义社会中，并不是所有的利息支付都是由资本主义企业完成的。比如，工人家庭可以借款用于购买住房或者消费。他们可以直接从工资中支付利息。此种类型的利息支付当然代表着一种剥削，因为这意味着工人家庭在没有获得任何等价物的情况下放弃了一部分对社会劳动时间的要求权，而这种剥削不是经过劳动力的买卖来完成的。需要再次强调，说利息根源于剥削并不是说借贷行为存在着不公平或者非自愿。也许工人和贷出者对现有社会条件下借贷这件事能够完成都很高兴，国家借款的偿付来自国家的收入。为了了解剩余价值的来源，我们不得不考察下国家收入的来源，也许这些收入来自通过税收的方式获取的部分剩余价值，或者来自对工资的征税，或者国营的资本主义企业的剩余价值。

(三) 利息率的外表化（《资本论》3.24）

在非常发达的资本主义经济中，借贷行为已经成为日常商业活动中再平常不过的事。一边是借入者，另一边是贷出者，他们之间的竞争形成了市场利息率，像其他市场价格一样，看起来外在于所有参与者的决定。尽管利息的来源实际是单个资本家所占有的剩余价值，但每个资本家还是将利息率看成是一个外在于它的既成事实。这导致了关于资本主义社会的许多更加神秘的幻象。

首先，资本家会将其自身占有的剩余价值划分为两部分，一部分是将自有资本贷出可能获得的利息收入，另一部分马克思称之为"企业利润"（其值可正可负）。也就是说，企业利润是企业占有的剩余价值中扣除企业投入的货币资本与市场利率的乘积即利息后的余额。因此，资本家能够按照市场利率贷出自己的资本，这样，作为剩余价值组成部分的利息看起来就成为货币的回报，并且独立于资本家所做的生产决策。然而，企业利润的涨跌直接与经济前景的好坏、资本家自身判断的正确与否直接相关，因而利润看起来是它自己对于生产管理的回报。这是资本主义社会中一些观点的重要来源，利润（公司利润）是管理的回报，是承担风险的回报，是管理工资，而不是来自对工人剥削形成的剩余价值。

资本家并不一定要通过实际地借入货币来了解作为成本的利息率是多少。因为他可以按照一定的利息率借出自己的货币资本，所以利息率看起来就成为其使用自有资本进行生产的机会成本。假如他只是打算获得一个与利息率相等的利润率，那么他的付出似乎一无所获，尽管从社会的角度来看，他已经为社会剩余价值的占有做了贡献。

一旦利息率作为一种社会现实出现，那么资本主义社会中每一个资本家就都不得不将货币看成是潜在的可增值的价值，假如它可以被贷出，就可以按照利息率获得增值。因此，利息率成为整个社会中所有支出决策的机会成本，而不仅仅是资本家这样看。每一个人都会将花掉一笔支出与按照利息率借出获得的增值进行比较。这样一种必要性会形成一个系统性的偏见，即一笔支出经过一定的时期会在未来带来收益。经济学家注意到了整个社会存在的计算未来收益的趋势，将之称为"时间偏好"。事实上，已经有一些经济学家试图说明利息率是由人类心理所内生的时间偏好造成的。马克思的认识正好与此相反：在剩余价值占有基础上形成的利息率导致了资本主义社会中个人的时间偏好。

（四）利息率的决定

在一个资本主义生产主导的经济中，主要的借贷者都是资本主义企业。家庭和国家参与的是一个以企业间借贷为基础的巨大市场，但马克思的假设是利息率是由资本主义企业间的议价形成的，一些企业作为贷出方存在，另一些企业作为借入方存在。银行等其他一些金融中介的存在不会明显地改变这一状况。尽管企业之间不再是直接进行议价，而是分别于金融中介就利息率水平展开议价。

马克思认为没有普遍的科学原则能够决定与利润率相关的利息率水平。

> 一个国家中占统治地位的平均利息率，——不同于不断变动的市场利息率，——不能由任何规律决定。在这个领域中，象经济学家所说的自然利润率和自然工资率那样的自然利息率，是没

有的。……没有任何理由可以说明，为什么中等的竞争条件，贷出者和借入者之间的均衡，会使贷出者得到他的资本的3%、4%、5%等等的利息率，或得到总利润的一定的百分比部分，例如20%或50%。当竞争本身在这里起决定作用时，这种决定本身就是偶然的，纯粹经验的，只有自命博学或想入非非的人，才会试图把这种偶然性说成必然的东西。（1894，pp. 362 – 363）[1]

在正常条件下，利息不会超过全部剩余价值，因为如果这样借入者没有任何动机去进行借款。与此类似，利息率也不能为0，因为如果那样贷出者也没有任何动力将货币贷出。

冒着落入"自命博学"或"想入非非"境地的风险，我们试图在特定的方面拓展马克思关于利息率问题的思考。第一，在20世纪的条件下，价值形式的利息率可能会落到0以下，因为许多潜在的贷出者没有安全的方式在零利率的条件下保持价值。在现代货币体系中，潜在的贷出者要么通过持有现金的方式把钱借给银行或者国家，要么把自己的财富换成商品存货，但又要花钱去维护、保养和清算。在马克思的货币商品体系中，贷出者可以选择以低成本持有黄金而不是贷出。

第二，在给定利润率的条件下，可能存在一些重要的系统的规律制约着利息率的水平。假如资本主义企业在生产和价值实现上不存在不确定性，考虑到实际借款时可能出现的各种成本，他们可能会支付一个与平均利润率相等的利息率。一个对于利用贷款获取平均利润率充满信心的企业只要利息率低于平均利润率就有动机去借款，直到利息率与平均利润率相等。

但在现实中，对于单个资本而言，剩余价值的占有充满了不确定性，而且资本还要面对不能偿付其所应承担的利息导致的破产带来的经济风险。在这些条件下，利息率与利润率之间就会存在差距，这样一种差距取决于资本家在破产风险与自身可实现利润之间的权衡。

马克思的利息率理论属于传统的可贷资金理论，这种理论强调利率

---

[1] 译文引自《马克思恩格斯全集》（第25卷），人民出版社1974年版，第406—407页。——译者注

的形成取决于任一时点上的新贷款交易。这与流动性偏好理论（凯恩斯，1936）是不一样的，流动性偏好理论认为利率主要取决于二级市场上的已有贷款。

（五）虚拟资本

一旦利息率经过借贷双方的斗争形成后，就会进一步地产生一些奇妙的影响。任何收入流，不管它是否来自资本主义生产过程中对剩余价值的占有，都会要求一个价格——"资本化的价格"——由利息率决定。

比如，美国政府允诺向联邦债券的持有人每年支付100美元，从而形成一个收入流。假如利息率为10%，并且假设这一收入流会持续存在（类似于无到期日债券），那么一位投资者将会愿意为这种债券支付1000美元。这1000美元对于投资者来说被看成了资本，他支出1000美元，作为回报从政府那里领取利息，但其实并没有相应数量的资本投入实际的资本主义生产中，利息只是来自政府的收入。马克思将这样一种资本化的价值称为"虚拟资本"，因为对于他的所有者而言似乎是一个资本，但这样一个价值并没有真实的社会生产资本部分与之相对应。

一些类似的现象具有相当的重要性。公司发行的公众持有的普通股票赋予其持有人从公司获得相应份额股息的权利。股息与公司利润之间的关系并不十分紧密。支付一个较利润较大或较小的股息，或较利润更为稳定的股息，这些都是由管理层决定的。市场会在现行利息率的基础上资本化这部分未来流入的股息，就如同在联邦债券上所做的那样。最终股票的价值会远远超过公司实际投入的资本量，超出的部分即为虚拟资本。虚拟资本的兴衰成败构成了金融史当中最为戏剧性的一些篇章。例如，如果利息率上升，尽管实际生产中的资本根本就没有任何变化或者变化很小，大量的虚拟资本却会灰飞烟灭。

土地价格，包括其他可用于生产的自然资源，都与此类似。因为对稀缺性生产资源的所有权都能够带来一个持续的租金收入，市场也会按照利息率将这部分收入资本化。通过这样一种途径，私人财富的创造与资本积累变得毫无关系。

四 商业利润：生产和非生产性劳动
（《资本论》3.16 – 3.19）

（一）非生产利润（《资本论》3.16）

不直接剥削工人但能够获取收入的第三种资本形式是"商业资本"。商业利润源自对现有商品的买卖，而并非对产品的加工。商人可以通过购买，比如说植物油存放于桶中，然后持有一段时间，最后再卖出去获利，其间植物油并没有发生任何变化。

"商业利润"对于劳动价值论而言是一个难题，因为没有任何能够创造价值的劳动付出。现在的问题是商业资本占有的剩余价值来自哪里。

这一问题对于从事交通运输业和通信服务的资本并不存在。将商品从一个地点转移到另一个地点并不改变商品的使用价值，而且也是生产的一部分。通信服务对于生产过程就如同原材料对于生产过程一样，也是必须的，而且通信服务投入是生产的直接投入。在很多情况下同一资本会既从事商品的运输和分装（换成更小的包装）这类生产性活动，也会同时从事单纯商品买卖活动这类非生产性活动。对于这类问题，对商业利润的讨论将限制在单纯商品买卖活动形成的利润部分上。

（二）不等价交换条件下商业利润的来源（《资本论》3.17）

马克思在劳动价值论的框架内讨论了不等价交换条件下商业利润的来源问题。他认为商业资本以低于商品价值（或者生产价格）的方式买入商品，再按照其价值出售。二者的差额就是商业资本收入的来源。

一般而言，不应将商品生产者按照低于价值的价格出卖其产品看作是对其自身利益的损害。一个从事生产的资本家可以自己进行商品的销售，将产品直接卖给最终的消费者。但有很多因素导致这种方式成本高昂且有诸多不便。生产者对于商品的生产过程、生产技术、劳动者激励等方面有着相当多的了解和办法，但对市场和流通却知之甚少。也许以低于价值一定幅度的价格将产品出售给中间商，并由中间商将产品出售给最终消费者是一个降低销售成本的办法。

从这个角度来看，商业资本的出现不过是资本循环过程中一部分资本独立化的结果。类似地，金融资本的出现也不过是资本循环过程中的货币资本独立化的结果。历史地看，商业资本和金融资本从产业资本中分离出来的程度会出现摇摆。有时，商业资本和金融资本显得很强大，发展很好但产业资本却是规模狭小，发展无序。有时，产业资本的发展又会使得商业资本和金融资本重新回到产业资本中。

以上对于商业资本利润的分析可以得出的结论是：商业资本收益的决定因素与产业资本收益的决定因素是不同的。如果我们分析的是产业资本的收益问题，需要考虑的是劳动生产率、劳动过程的组织和工资水平。如果我们分析的是商业资本的收益问题，需要考虑的则变成了商业资本所拥有的关于市场和流通的知识或者是它在市场竞争中的地位。

(三) 商业资本和利润率的平均化（《资本论》3.17）

尽管商业资本和产业资本在收益的潜在决定因素上存在差异，但商业资本仍然会参与利润率的平均化。为了买卖商品赚取利润，商业资本家必须付出一定数量的资本，而这部分资本也会倾向于要求获得平均利润率。如果某一商业部门的利润偏高，商业资本之间的竞争就会缩小这一部门不等价交换的幅度，直至商业资本的收益正好满足平均利润率的要求。

这样一种结果更加强化了是资本，而不是劳动在生产价值这样的混乱的观念。在商业资本这样一种利润与劳动付出或生产付出完全无关的极端的例子中，这一点更加明显。马克思的分析表明，商业利润是产业资本家生产和占有，并与商业资本家分享的那部分剩余价值。

(四) 生产性劳动和非生产性劳动（《资本论》1.16，3.17）

商业活动一旦达到一定的规模，就会产生对劳动的需求，就如同需要资本一样。买卖活动、记账、市场信息的搜寻都要求付出时间和精力。但从社会的角度来看，这些活动并未增加社会总的使用价值产出，而只是涉及将已经生产出的价值和剩余价值进行再分配。

马克思接受了亚当·斯密强调过的"生产劳动"和"非生产劳动"的区别。但斯密（1776，第Ⅱ册，第3章）在不同地方对于生产性劳动给出了互不一致的定义。斯密研究生产性劳动与非生产性劳动的起点是比较受雇于资本家的劳动与服务于家庭的劳动的差别。产业工人生产出商品，该产品的出售能够弥补生产的成本并且带来剩余价值，但服务于家庭的劳动只是为雇主直接提供服务，没有为市场生产任何产品。斯密将第一种劳动称为"生产性劳动"，因为这类劳动能够偿付其成本并且带来剩余价值，将第二种劳动称为"非生产性劳动"，因为它消耗价值而不是增加价值。不幸的是，斯密在物质产品生产劳动与服务性劳动这样一个十分困难的问题上，将这样一个相对清晰的区分弄混淆了。困难主要在于服务性劳动如同生产性劳动生产出耐用的物质产品以供出售一样，它提供服务，并且按照一个高于成本的价格在市场上出售。最后，斯密从私人和社会的角度给出了二者的重要区分，认为生产性劳动会增加社会财富，而非生产性劳动则消耗这种财富。分析到这里，斯密给出了他那段著名的评论，君主和他的文武官员以及陆海军都是非生产性劳动者，因为他们消耗的社会财富远高于他们所生产的。这里的问题是尽管从社会的角度来看一些劳动是非生产性的，但这些劳动还是在为某个资本家生产剩余价值。比如，两家相互竞争的厂商所进行的广告宣传劳动，会因为方向相反而使得彼此的作用相互抵消，进而从社会的角度来看都变得毫无生产性可言。但是，假如广告宣传活动是由专门组织起来的公司进行，那么在这方面所花费的劳动将会补偿其成本，并为使用这部分劳动的资本家带来剩余价值，当然，这部分剩余价值是由生产部门那里转移来的。

马克思认为斯密概念上的混乱会导致逻辑不通。首先，马克思认为，每一种形式的生产都可以按照其自己的方式和逻辑来确定哪一种劳动是生产性的，哪一种劳动是非生产性的。马克思认为，困难在于斯密并没有意识到他所描述的、分析的是特定的资本主义经济，是一种与价值和剩余价值的生产紧密相关的资本主义经济。在任何一个有合理组织的社会中，"生产性"这个词都意味着某些可以满足人们需要的活动，但资本主义社会的独特性在于"生产性"是与剩余价值的生产相联系的。马克思认为，为了重构生产性劳动与非生产性劳动之间的区别，需要将生产性劳动定义为是那些能够增加社会剩余价值，进而有利于潜在的资本积累的劳动。

按照这样一个定义就避免了困扰着斯密的耐用商品和服务之间的区分。类似于运输和通信这类服务，同物质产品的生产一样，可以增加社会的剩余价值。同斯密关于生产性劳动的第一种定义不同，新的定义坚持了社会剩余价值生产这一标准。上面提到过的广告宣传劳动当然为雇用他的资本家带来了剩余价值，但显然没有增加社会剩余价值。因此，不应被看作是生产性劳动。

需要格外注意的是，马克思在重构斯密关于生产性劳动和非生产性劳动的区别时，并不认为以上的分类方法是唯一的。在其他的生产方式中还可以存在其他定义社会意义上的"生产性"的分类体系。但是按照是否增加社会剩余价值的方法定义生产性劳动对于资本主义生产的分析，对于资本积累的分析都有着重要意义。

有了一个正确的和前后一致的关于生产性劳动的定义并不意味着在面对具体情况时就可以很轻易地解决生产性劳动划分的问题。对于多数情况而言，是不是生产性劳动并无太大争议，但在一些边缘性的问题上要想做出判断就比较困难。对于20世纪的人们来说，都会将雇用穿制服的人看成是对社会产品的消耗，认为其劳动是一种非生产性劳动。但应如何来看待科学家和工程师在基础研究领域的劳动呢？他们的劳动成果，基础性知识，并不采取商品的形式直接在市场上出售。他们以及他们助手的工资、他们使用的仪器设备、占用的空间都需要从最为现代的公司的剩余价值中支付。因而，从严格的意义上来说，他们在基础研究领域付出的劳动是非生产性的。

（五）有用劳动、必要劳动和生产性劳动

上文最后关于基础研究领域付出的劳动是非生产性劳动的判断说明了我们在概念使用上的严谨性。但许多人认为，基础研究领域付出的劳动对于现代资本主义社会而言非常重要，是生产增长和生活水平提高的必要的前提条件，将这类劳动归为非生产性劳动非常荒唐。但当年亚当·斯密的读者在理解他关于英格兰国王的非生产性问题时并没有多少困难。

为了避免出现以上的混乱，马克思和斯密在有用劳动、必要劳动和生产性劳动之间做了区分。比如，斯密认为尽管国王和他的一干文武官员所从事的活动对于维持社会的正常运转十分必要，但他们的劳动仍然是非生产性的。同样，马克思也认为，尽管武装力量对于资本主义社会的生产十分必要，但他们仍然是在消耗而不是创造剩余价值。

还有许多其他的劳动尽管也非常重要，但由于他们不生产直接可在

市场上出售的产品而仍然被归为资本主义社会中的非生产性劳动。比如看护小孩和家务劳动对于社会的再生产而言，显然非常重要。但由于这类劳动通常是由家庭内部成员来承担，因此，并不直接产生可供销售的产品或带来剩余价值，也就是说这类劳动是非生产性的。但同从事基础研究的科学家或从事广告宣传的文员类似，家务劳动者对于剩余价值的生产有着间接的贡献（比如说，降低劳动力再生产的成本）。但如果我们将生产性劳动概念的外延扩大至所有对资本再生产发挥间接作用的劳动时，非生产性劳动就几乎不存在了。因此，或者坚持一个较窄的关于生产性劳动的定义，或者干脆不要生产性劳动与非生产性劳动这种区分。

但如果像许多新古典经济学家那样，认为获得收入与生产产品或服务直接对应，那么生产性劳动与非生产性劳动的区分就毫无意义了。新古典经济学认为，由于土地和资本的所有者占有了一部分剩余价值，因而土地和资本就生产剩余价值。同样地，这些经济学家认为金融服务或者广告服务的提供者由于也在市场上以一定价格出售自己的产品，因此他们的劳动与生产食品和衣服的人没有什么区别。与新古典经济学家的认识不同的一个例外是这个国家的那些官僚，他们将自己的收入看成是来自税收系统，而不是因为从事了价值生产。

（六）对非生产性工人的剥削问题（《资本论》3.17）

尽管贸易部门、金融部门和广告部门的工资劳动者不应被看作可以增加社会剩余价值（或新价值），他们的劳动是非生产性劳动，但这些劳动者（为了方便，我将他们称为非生产性工人）受剥削的方式与生产性劳动者是一样的。当劳动者付出的劳动时间超过了他的工资所代表的劳动时间时，剥削就发生了。非生产性劳动者与生产性劳动者在这一方面是非常相似的。假如一个非生产性劳动者一年付出的劳动时间是2000个小时，货币的价值为每一美元1/15小时，劳动时间的货币价值为30000美元。假如一个工人一年的工资为15000美元，代表1000小时的社会劳动时间，这意味着工人一半的劳动时间如同生产性工人一样未得到任何报酬。

对于一个工人而言，要想意识到一份工作是否具有生产性是十分困难的。一个雇员从填写生产计划表（生产性劳动，因为生产计划表是直接生产过程中的一部分）换到去填写纳税表格（非生产性劳动，因为纳税只涉及价值的再分配，不涉及价值的生产），他本人不会意识到任何变化。关键是在资本主义的生产关系下，无论是生产性劳动者还是非生产性劳动者都将自己的劳动时间交给了雇主，并且都是仅有部分劳动时间得到了报酬。

（七）美国经济 1983 年的价值流量

我们可以利用本章当中的相关知识来得到一些关于当今发达资本主义国家价值生产和价值流量问题的一些认识。我所使用的数据直接来自"美国总统经济报告（1984）"中对于美国 1983 年经济状况的描述，但这些数据给出的是一个全面的、提示性的而非准确的描述。

1983 年美国的总人口为 2.53 亿人，其中 16 岁以上的成年人口为 1.75 亿人。在这些潜在的劳动力中，大约 1 亿人有自己的工作，大约 1000 万人处于失业状态，并在积极寻找工作。这样我们可以估计 1983 年美国潜在失业人口大约为 6500 万人，流动失业人口为 1000 万人。

在 1 亿就业人口中，大约有一半从事生产性劳动，有一半从事非生产性劳动（沃尔夫，1986，第 5 章，估计在 1976 年，美国全部就业人口中超过一半的劳动力在非生产性部门工作或在生产部门中从事非生产性劳动）。5000 万生产性工人全年的工作时间大约为 830 亿小时。

在这 830 亿小时的工作时间里，5000 万生产性工人大约新创造价值 2.5 万亿美元（未将政府雇员工资列为新价值中的一部分），按照全部人口平均，人均约为 1 万美元，而每位生产性工人当年新创造价值平均约为 5 万美元，或者一单位工作时间创造价值约 30 美元（这意味着货币的价值大约为 1/30，或者新创造价值中的每一美元包含 2 分钟的生产性劳动）。这部分生产性工人的工资总和大约为 1 万亿美元，因此，剩余价值约为 1.5 万亿美元。这样的话，生产性工人的平均剥削率约为 1.5（150%）。工人在为自己的工资工作 1 小时就得为剩余价值的生产工作 1.5 个小时。

如此巨大的剩余价值都用来干了什么，最大的一笔，1 万亿美元主要用于支付商业活动中非生产性工人工资以及政府雇员工资。租金和财产收入拿走 1000 亿美元，净利息约为 2500 亿美元，公司税后利润大约为 1500 亿美元，从这些数字中可以看到许多令人惊讶的关于经济发展的自相矛盾的事实。美国经济的劳动生产率的绝对水平非常高，因此有着非常高的剩余价值率和剩余价值总量。但大量剩余价值被产品的分配和处理价值生产过程中出现的各种矛盾所消耗了。结果只有相对较小的部分作为财产收入，甚至只有更小一部分才是归资本家直接控制的公司利润。

这些数据也突出强调了观察资本主义经济时，是否系统地考察非生产性劳动现象所带来的重大区别。假如我们将所有的雇佣劳动都看作是生产性劳动，那么剩余价值总量就仅为5000万美元，剥削率仅为0.25（25%）。根据马克思的观点，按照这样一种方式来看待资本主义的生产，会严重低估资本主义经济的劳动生产率和它所能生产的剩余价值。

第八章
利润率的下降

一 资本主义生产的特征 (《资本论》3.13)

马克思的兴趣在于人类社会发展过程中的变化方式。对于他而言，了解一个社会首先是要了解该社会运动变化的方式。虽然劳动价值论，包括简单再生产以及扩大再生产理论，提供了一个理论框架来描述资本主义的生产状况，但却不能直接解决资本主义生产的质变问题。

马克思对于资本主义生产的基本特征有过一个独特的恰当表述，那就是，他将资本主义看作是技术进步的一种生产模式。这样一个观点最初出现在《共产党宣言》（马克思恩格斯，1848）中，并且贯穿于马克思分析资本主义社会的所有的著作中。在早期的阶级社会中，技术进步的制度化从未达到像资本主义社会这样的高度。单个资本家命运的起伏跌宕作为核心的力量推动着整个资本主义生产体系的运行，使得资本主义社会呈现出生产方法的不断变革。马克思将推动包括技术在内的生产力的发展看作是资本主义社会的历史使命。

因此，对于资本主义的一个完整理解不仅应包括对建立在对雇佣工人剥削基础上的剩余价值来源和作为资本再生产模式的资本循环结构的分析，还应包括对建立在资本主义社会关系和资本循环基础上的技术进步作用的分析。从数量的角度来看，技术进步会导致决定剥削率、资本循环、剩余价值率、资本构成、剩余价值资本化的比率以及资本循环各阶段所需时间等相关参数的改变。

二 资本积累的后果(《资本论》3.13)

在《资本论》(1894,第 13 章)中,马克思对资本主义生产关系建立和资本积累的后果做了简单描述。他认为,起初资本家仅仅是改善了先前生产方式中生产过程中那些效率相对低下的技术方法。那些方法不能够有效地利用劳动,因而也就不能有效地提供大量的剩余劳动时间。但那些方法对于资本家而言并非毫无益处,那些生产方法所要求的投入除可变资本之外,其他资本支出所需甚少。这样,我们可以认为,在资本主义生产的第一阶段展现出的是相对较低的剥削率和资本支出中相对较高的工资支出份额,或者是一个较高的资本构成支出。尽管剥削率较低,但预付资本的增值率可能仍然较高,因为这样一个增值率 q 是剥削率和资本构成的乘积,即 $q = ek$。假如资本周转率不是太低的话,利润率也应很高。

资本积累使得资本主义的生产方法发生了彻底的改变(等一下我们将会看到马克思关于这一问题更多的分析)。马克思认为,经过一段时间之后,资本积累的净效应会使得生产方法发生转变,劳动会更加有效率,非劳动性投入的数量和价值量都会变得更大。劳动生产率的增长会带来更多的剩余劳动时间和更高的剩余价值率。尽管马克思没有强调,即使在这一过程中工人的生活水平提高了,以上结论仍然是成立的。这些新的生产方法会要求每一单位劳动投入对应的非劳动资本投入增加,相应地,预付资本构成中,工资所占的比重会下降。马克思认为,经过一个长期的资本积累过程,资本循环过程中的各种参数将会改变。剥削率 e 将会变得非常高,而预付资本的构成 k 则会变得非常低,最终,$q = ek$ 也会降低。

很重要的一点是,马克思坚持认为,生产方法的变革不是一个偶然的或随机的过程,而是资本积累通过技术进步带来的系统性的结果。他认为,资本主义经济发展方式的特征包括不断上升的劳动生产率、实际工资的增长慢于劳动生产率增长以及由此带来的剩余价值率的提高、资本构成中工资所占的比重不断下降、预付资本增值率和利润率的下降。几乎所有的人都认识到了这样一种评价与资本主义社会实际增长方式之间的相关性,但巨大的分歧出现在最后一点上,即马克思认定,随着时间的推移，利润率趋于下降。

马克思认为以上所有这些变化都不过是资本主义发展内在趋势的不同方面。由于斯密，特别是李嘉图对于利润率的下降问题已经给予了极大的重视，马克思将以上诸方面归结为利润率下降趋势。并不是马克思发现了这样一个趋势，马克思只是将这一趋势当作是其他经济学家已经详尽论述的一个既成事实接受了下来。当马克思说利润率下降规律是现代政治经济学的最重要发现时，他是在强调利润率下降规律在李嘉图和斯密的著作中是非常重要的。

三 李嘉图的利润率下降理论

马克思关于利润率下降问题的讨论是从对李嘉图相关理论的批评开始的。因此，如果我们先了解一下李嘉图的利润率下降理论就会使我们更容易理解马克思就此问题所做的分析。

李嘉图（1817）的分析针对的是只有一种产品——谷物的经济。在这一经济体当中，租地农场主在新的谷物收获之前以食物的方式预付给干活的工人工资。在李嘉图的模型中，这是唯一的资本支出。谷物工资的数量按照马尔萨斯主义者的方式，由劳动力的增长决定。每一名工人工资的数量足以维持劳动者自身的需要，并且可以不断地再生产出新的人口。当工资超越了这一水平时，人口规模就会增加；当低于这一水平时，人口规模就会缩减。

在李嘉图那里，利润率由工人耕种肥力最差的土地所生产的剩余谷物与仅够维持生存的工资的比率决定，因为工资是唯一的预付资本。按照马克思的观点，李嘉图假设资本周转率为1，预付资本的构成也为1，因为工资是唯一的预付资本。在这样一些假设下，利润率等于剩余谷物与支付零租金土地上使用的劳动的谷物工资之间的比率，且与剩余价值率正好相等。

在李嘉图的模型中，这样一个利润率一旦形成，就会决定其他肥力较好土地的租金。无论一个工人在肥力较好的土地上生产什么，只要超过该工人工资加上由这一利润率决定的该工资的基础上的利润，超出部分都会转化为土地所有者的租金。而且，这样一个利润率会变成社会生产体系中其他部门，比如说制造业部门的平均利润率，因为一个资本家总是可以将自己的资本转移到农业生产部门中，用于不太肥沃的土地的生产。

在李嘉图的模型中，谷物的劳动价值等于耕种肥力最差土地上生产一单位谷物所需花费的劳动时间，而不是由其他肥力更高土地上的劳动生产率来决定。假如不断有肥力更差的土地被投入使用，谷物的价值就将会提高。由于均衡工资是一个不变的谷物量，劳动力价值会同时上升，因为谷物工资会代表一个更大的价值量。

以此为基础，李嘉图建立起了他关于资本积累会导致利润率下降的理论。资本积累会增加资本家预付的总的工资水平和对劳动的需求。这会抬高工资水平，并且导致人口的增加。但扩大的人口会增加对食物的需求，因此，农业生产会拓展到肥力更低的土地上。这种拓展会提高谷物的价值和劳动力的价值而降低利润率，因为肥力更差的土地所能生产的超过所付工资的剩余谷物的数量要低于肥力更好土地所能生产的数量。李嘉图将这样一种分析带到了他的逻辑终点——稳定状态。在那里，人口已经增加到使最贫瘠土地上劳动者生产的粮食仅够支付其工资，而不带来任何剩余，利润率降为 0。在这一点上，李嘉图认为，积累将会终止，因为整个社会的剩余产品都变为了土地所有者的租金。

李嘉图的理论将利润率不断下降归因为不变的技术所能带来的回报的不断下降。如果技术进步提高了所有土地上的劳动生产率，这就将会提高利润率，并且使得积累过程可以延续。

四　马克思对于李嘉图理论的批判（《资本论》3.13）

马克思对于李嘉图分析的不满主要集中在李嘉图对资本主义生产过程中技术进步作用的忽视。正如我们已经看到的，对于马克思而言，资本主义生产的本质在于可以不断采用新的技术来提高劳动生产率。马克思提出的难题是如何来解释利润率下降是技术进步的结果。资本主义生产体系从根本上避免了李嘉图强调过的利润消失的问题，但又经历了马克思所说的利润率下降。

马克思进一步指出，对于利润率下降原因的解释不应像李嘉图那样将其建立在剩余价值率下降的基础之上。资本主义发展的历史经验已经证明了马克思在分析相对剩余价值生产时极力主张的观点，随着技术的进步，剩余价值率在上升。

但在李嘉图的假设中，剩余价值率与利润率是相等的，因而不存在剩余价值率上升而利润率下降这样的逻辑上的可能。马克思认为，李嘉图至关重要的一个错误是忽略了不变资本。即使我们假定资本周转率不变，利润率也不会与剥削率成正比例，而是与剥削率和资本构成（工资占总的预付资本的比重）的乘积成正比例。一旦我们明确地引入资本构成这一因素，面临的问题就变得容易理解，当剩余价值率提高、而资本构成以较大比例下降时，利润率就会下降。事实上，我们在实际的资本主义经济中就可以看到马克思所认为的这样一种变化。资本主义为了提高劳动生产率彻底变革了生产过程，但与此同时，也极大地增加了生产过程中使用的非劳动投入。利润率的下降只不过是生产变革基本过程的另一个方面，是与相对剩余价值的生产相伴随的资本主义积累过程的核心。

五 马克思的利润率下降理论（《资本论》3.15）

马克思着手建立一个资本主义条件下的技术变化的动态模型，并将因相对剩余价值所造成的剩余价值率上升与因资本构成下降所造成的利润率下降结合起来。建立这样一个模型面临的一个明显问题就是需要解释资本家为什么会采用使得利润率下降的新技术。对此，马克思认为单个资本家的自身利益与整个资本家阶级的长期利益之间存在根本性差别。事实上，按照马克思的说法，竞争会迫使单个资本家做出看起来有利于自身的决策，但这样做导致的结果就是在整体上导致了平均利润率的下降。在《资本论》（1894，pp. 264–265）中，马克思对上述分析做了如下归结：

> 一种新的生产方法，不管它的生产效率有多高，或者它使剩余价值率提高多少，只要它会降低利润率，就没有一个资本家愿意采用。但每一种这样的新生产方法，都会使商品便宜。因此，资本家最初会高于商品的生产价格出售商品，也许还会高于商品的价值出售商品。……他能够这样做，是因为生产这种商品所需要的平均社会劳动时间大于采用新的生产方法时所需要的劳动时间。……但是

竞争会使他的生产方法普遍化，使它服从普遍的规律。于是，利润率就下降，——也许首先就是在这个生产部门下降，然后与别的生产部门相平衡，——这丝毫不以资本家的意志为转移。①

率先采用新生产方法的资本家降低了自身的成本，且能够按照现行的市场价格来持续不断地出售自身产品获取超额剩余价值，直至其他资本家也采用了相同的技术，竞争迫使产品的价格下降。超额剩余价值代表的是剩余价值从高成本的资本家向创新资本家的转移。新技术的发现通过降低生产商品所需的社会必要劳动时间降低了产品的社会价值，但那些技术落后的资本家使得高于价值的价格得以维持。结果就是，技术上创新的资本家从不等价交换中获益（因为他所生产的产品的价格高于价值），这样一个高的价格使得创新资本家能够占有其他企业所生产的一部分剩余价值。（在接下来的讨论中我们使用"生产价格"来代表产品的社会价值。）

马克思认为每个资本家在技术创新问题上都面临着一个"囚徒困境"而不得不进行创新。任何一个不进行降低成本的技术变革的资本家都会发现，如果其他资本家进行这样一种变革，他在竞争中就会处于不利地位。竞争的压力迫使资本家不断去追求和采用那些可以降低成本的创新。但是，马克思说，到了技术创新的最后阶段，所有的竞争者都采用了新的技术，产品的价格就会下降，超额剩余价值就会消失。一旦技术创新过程结束，按照马克思的说法，整个经济体系的利润率就会下降，因为新的发现往往会导致更昂贵的非劳动投入的使用。通过这样一种方式，理解单个资本家追求更高利润水平所作出的决策导致整体利润率下降这一过程，就成为可能。

有大量关于这一问题的事例可以说明资本家个体利益与整体利益不一致的问题。为了简化分析，我们假定所分析的是李嘉图的谷物经济，只生产一种产品，价格与价值成比例。进一步假定，货币价值固定为每一美元代表 1 单位劳动，这样我们就可以直接在货币和劳动时间的计量上方便地转换。假定最初 4/3 单位的劳动使用 1/3 单位的谷物作为生产

---

① 译文引自《马克思恩格斯全集》（第 25 卷），人民出版社 1974 年版，第 294—295 页。——译者注

1个单位新谷物的投入，那么1个单位新谷物的价值就为2个单位劳动，价格为2美元。假定每一单位劳动力的工资为0.5美元，那么工人使用工资就可以购买1/4单位谷物。生产一单位谷物的总成本就为1.33美元，一半为工资成本，另一半为谷物投入。利润为0.67美元，假定资本周转率为1（即所用资本等于所费资本），利润率为50%。

假如一个资本家发现一种新的方式生产谷物，所需投入为1/2单位劳动和1/2单位谷物（谷物的投入增加了），按照上文中的价格，劳动投入为0.25美元，谷物投入为1美元，总投入为1.25美元。由于现行的谷物价格为2美元每单位，资本家的利润每单位谷物为0.75美元，利润率为60%。由于平均利润率仅为50%，因此这样一个利润率代表着超额利润。占有这样一个超额利润是推动单个资本家采用新技术的强烈动机。

假定现在所有的资本家都采用了新的技术。谷物的价值将会下降到1，因为在新的生产技术条件下，1/2单位的劳动能够生产出1/2单位的净谷物产出。假定货币的价值仍保持在每一美元1单位劳动，谷物的价格将会下降到每单位1美元。货币工资为0.5美元时，一个典型生产者的成本为0.25美元工资投入，0.5美元谷物投入，成本合计为0.75美元。当谷物价格为1美元时，利润为0.25美元，利润率为33.33%，低于初始的利润率50%。

在上例中，实际工资水平在后一种情况下有所上升。在后一种情况时，货币工资0.5美元可以购买1/2单位谷物，但在前一种情况时，0.5美元只可以购买1/4单位谷物。在后一种情况下，我们维持了剩余价值率100%不变。假如现在考虑一种新的情况，即后一种情况下实际工资维持不变会出现什么样的情况。如果实际工资维持不变，在后一种情况下，货币工资将会下降到0.25美元。那么一个典型生产者的生产成本将变为0.125美元的工资投入和0.5美元的谷物投入，成本合计为0.625美元，当谷物价格为每单位1美元时，利润为0.375美元。在这样一个价格水平下，这样一种生产技术所能带来的利润率为60%。但同时我们会注意到，在维持劳动力实际工资不变的情况下，劳动力的价值由1/2下降到1/4，剩余价值率由100%上升到300%。在本例中，我们可以看到，在劳动力价值下降和剥削率上升的同时，实际工资出现上升，利润率出现下降。

六 利润率下降的反趋势因素（《资本论》3.14）

马克思认为资本主义生产最基本的趋势（或者用我们对马克思分析方法的讨论时使用的语汇，即最基础的规定）是通过不断使用非劳动投入替代劳动投入来提高劳动生产率。正如我们所看到的，假如劳动力价值维持不变，这一过程会导致整个生产体系中的平均利润率出现下降。但马克思也意识到了历史本身较理论具有更大的复杂性。他用"反趋势因素"一词来表示符合这样一种基本趋势或规律的条件。也就是说，存在更高层次的规定在抵消或改变资本主义生产基本趋势的运行，这样的认识方法与将理论本身看作由不同层级的规定组成的体系的认识方法是一致的。

马克思所列举的第一种反趋势因素是，伴随着劳动生产率上升，劳动力价值下降，剥削率可能会上升。这样一种可能性在马克思关于相对剩余价值生产的分析中已经做了说明。马克思从来没有非常明确地接受过这样一种观点，即随着劳动生产率的上升，劳动力价值的不变意味着实际工资水平的上升。但在实际的资本积累过程中这种可能性是确实存在的，劳动生产率提高，剩余价值率提高，实际工资水平提高，利润率下降，这似乎也内在地包含在马克思的分析当中。

马克思所列举的第二种反趋势因素是，当资本家在与工人谈判取得暂时的优势时，会使得工人的工资被压低到劳动力的价值以下。正如马克思所指出的，无论这样一种可能性在特定历史阶段多么重要，但从理论分析的角度来看，它与其他关于利润率下降的因素不在同一个抽象层次上。

马克思所列举的第三种反趋势因素被认为更为重要。劳动生产率的普遍提高会导致不变资本投入要素的价值和价格下降。这样一种影响在前一部分的举例分析中已有考虑，在最新的分析中，谷物投入按照新的价格进行了计算。假如不是这样，利润率会下降得更快。

马克思所列举的第四种反趋势因素是相对过剩人口，即由于机器对人力的替代所导致的失业人口。相对过剩人口的存在，弱化了在岗工人的谈判力量，由此可以推测，相对过剩人口的存在会强化我们在讨论第一种反趋势因素时涉及的实际工资下降的可能，从而阻碍利润率的下降。

最后，马克思指出，通过对外贸易可以获得更便宜的不变资本和生活资料，这也趋向于降低资本家的生产成本，维持其利润率水平。

马克思关于利润率下降的全面分析是复杂的。他认为，最基本的动态过程是资本主义生产方式下的技术进步，是一种导致劳动生产率不断提高的技术进步。但是，由于劳动生产率提高往往同时带来非劳动投入使用的增加，在劳动力价值保持不变的同时，就会形成平均利润率下降的趋势。然而，事实上，即使实际工资水平有某种程度的上升，劳动生产率的提高还是会给劳动力价值带来或大或小的向下的压力。而且，劳动生产率的提高会使得不变资本要素变得更便宜，从而阻碍利润率的下降。利润率下降趋势有点类似于万有引力规律使得物体趋向于落向地面的情况。许多物体，如建筑物和人，之所以可以站立不倒，是因为存在抵消引力的结构或过程。但如果不了解万有引力定律就无法理解这些抵消性的结构。同样地，我们也会看到在资本积累的过程中出现利润率下降不明显这样的情况。假如真出现了这样的情况，马克思的分析将引导我们从劳动力价值和不变资本价值的角度去寻求一种解释。

七 利润率下降的必然性

利润率下降趋势作为资本主义积累一般规律的观点受到包括一些马克思主义者在内的许多人的质疑。最常见的批评是认为马克思未能说明利润率下降的规律性或者必然性，因此，也就不能够说明它是资本主义积累的内在界限或边界。

第一，是否有足够的理由认为资本主义条件下的技术进步采取的形式是非劳动投入对劳动投入的替代，努力削减成本的资本家对于非劳动投入节约的兴趣和对于劳动投入节约的兴趣有区别吗？是否存在一种既减少劳动投入又降低非劳动投入的技术变化？马克思的分析建立在如下假设之上，劳动生产率的提高会涉及投入资本构成的下降，也就是说，工资在全部预付资本中所占比重下降。这样一种情况会发生，但要弄清楚为什么会发生则比较困难。

第二，如 Sweezy（1949，第 6 章）所说，马克思将技术变化导致的剥削率的上升归为反趋势因素的基础是什么。按照马克思在《资本论》

第Ⅰ卷当中所说，假如劳动力价值是由历史和道德因素决定的维持劳动者生存所需的生活资料中所包含的劳动，那么劳动生产率上升是否自动地、内在地包含劳动力价值的下降和剩余价值率上升？这样的观点与马克思在《资本论》第Ⅰ卷讨论相对剩余价值问题时采取的思路是接近的。假如劳动力价值的下降是劳动生产率上升的直接的可预测的结果，那么为什么这一影响被归结为是一个反趋势因素，而不是这一基本趋势自身的一部分？

我们可以假设资本主义社会的技术变化不带来资本构成的降低。还可以假设（如同马克思在他关于发挥反趋势因素的分析时所做的那样），在资本构成没有下降的情况下，剩余价值率上升仍然会阻碍利润率下降的趋势。马克思这样写是否要表达一些不同的观点，我们不是很清楚。围绕这一问题的讨论涉及语言学、哲学和分析方法等不同领域的问题。在马克思写作和思考所遵循的黑格尔主义的传统中，实际所发生的任何事都有特殊的本质和作用。"必然"源于真实。在 Hegel's Logic（1830，pp. 202–208）中，我们发现了明确的主张，在如下意义上"可能性"变成了"必然性"：在我们能够把握现实的全部规定性之前我们首先将现实看成是一种偶然发生的可能性。马克思使用"规律"或"必然性"这样的语汇并不是说他认为从某些已经存在的公理出发就可以推出资本积累方式。这与马克思一贯的分析方法完全不一致。更大的可能是他要宣称在他的理论框架内在理性基础上可以解释实际发生的资本积累。

剩余价值率上升会阻碍利润率下降的现象解释起来相对容易。与后来的许多经济学家对于实际使用价值的生产和循环问题给予更多关注不同，马克思坚持了价值和价值分配问题的社会重要性和合理性。事实上，他通常也认为实际使用价值作为社会劳动时间分配的媒介物十分重要。马克思理论的核心是人们为了获得食物、衣服和住房而形成的社会关系，而不是他们吃的、穿的、住的数量。劳动力价值将新创造价值划分为归资本家的部分和归工人的部分。当劳动力的价值保持不变时，从劳动价值论的角度出发来分析所发生的事情是很有意义的。而且，劳动生产率变化带来劳动力价值的变化并不是自动发生的，要涉及许多经济和社会矛盾。对于劳动力价值的下降，货币工资必然下降，或者货币的价值必然下降，这一点在我们前面的例子中有过清楚地说明。由此可以认为，将劳动生产率的变化与劳动力价值的变化区别开来看起来并不武断。

八 利润率下降的可能性

对于马克思利润率下降理论更具破坏性的批评来自 Okishio (1961)。他认为，在马克思假设的基础上可以推出的结论是，随着资本家在生产中使用新的技术，利润率会出现上升。由此可以推出的结论是，在马克思的理论框架中，利润率的下降不仅不必要甚至是不可能的。

分析是基于"置盐定理"（Okishio's theorem）展开的。我们假定在资本主义生产体系中，现行的价格使得所有部门的资本家都实现了平均利润率。在考虑生产中采用新的生产技术的可能性时，资本家将会追问他们自己计划采用的新技术在现行价格下是否可以带来超额利润。只有当新技术的生产成本（等于满足资本周转率为1假设的投入资本）在现行的价格水平下低于原有技术的生产成本时，超额利润才会出现。我们将符合这一要求的技术称为"可行的技术"，因为资本家会存在动力采用这类技术。"置盐定理"强调，假如资本家采用了这类可行的技术，并且实际工资保持不变，那么新的平均利润率就完全不会低于初始的利润率。其中，关键性的假设是采用新的技术后，实际工资保持不变。

采用一般的生产模型可以证明这一定理，但采用一个单一商品的生产模型，比如我们前面使用过的谷物生产模型则会更为简明地看到问题的要害。假定现有的技术生产一单位谷物需要 n 个单位劳动，a 个单位谷物，货币价值为 1 美元代表 1 单位劳动，货币工资率为 w。1 单位谷物的价值，也是 1 单位谷物的价格为

$$p = n / [1-a] \tag{8.1}$$

实际工资为货币工资在现行价格下可以购买的谷物数量

$$b = w/p = w[1-a]/n \tag{8.2}$$

每单位谷物在现行价格下的利润为 p − [pa + wn] = p[1 − a − bn]，利润率为

$$r = p[1-a-bn]/p[a+bn] = 1/[a+bn] - 1 \tag{8.3}$$

假定现在出现了新的生产技术，生产 1 单位谷物需要 n′劳动，a′谷物。使用这一技术生产一单位谷物的成本为 wn′ + pa′，这一技术的生产成本低于现有技术的生产成本，也就是说，这一技术是可行的，当

$$wn' + pa' < wn + pa \tag{8.4}$$

或者使用（8.1）式和（8.2）式的形式，

$$a' + bn' < a + bn \tag{8.5}$$

假定新的生产技术被普遍采用，则谷物新的价值和价格就为

$$p' = n'/(1 - a') \tag{8.6}$$

新的工资率为

$$w' = p'b \tag{8.7}$$

在这样一个新的价格和工资率下，一单位谷物的利润为 p′ − [p′a′ + w′n′] = p′[1 − a′ − bn′]，利润率为

$$r = 1/[a' + bn'] - 1 \tag{8.8}$$

显然，如果 a′ + bn′ < a + bn，则 r′ > r，即任何可行的技术所导致的都是一个更高而非更低的利润率。当这样的分析涉及更多的生产部门时，数学处理上会变得更复杂，但依据的逻辑是一致的。

我们可以将以上材料与劳动力价值不变条件下的分析进行一个对比，这里的劳动力价值不变是由货币工资和货币价值不变导致的。在初始技术条件下，每单位谷物的利润为 p − a − wn，利润率为

$$r = p/[pa + wn] - 1 = 1/(a + [1 - a]w) - 1 \tag{8.9}$$

因此按照（8.1）式，p = n/[1 − a]。

在新技术条件下，利润率为

$$r' = p/[pa + wn] - 1 = 1/(a' + [1 - a']w) - 1 \tag{8.10}$$

这样的话，如果 a′ > a，则整体经济体系当中的平均利润率将会下跌，因为劳动力价值保持不变。

有许多可行的新技术满足 a′ > a，因此按照（8.5）式

$$[n - n']/[a' - a] < w/p \tag{8.11}$$

这与我们在"马克思的利润率下降理论"部分中讨论过的情况完全一致。

Okishio 对于马克思观点的批判主要集中在两点。第一，在马克思的分析中，实际工资保持不变是否必要？第二，在实际的资本主义经济中，伴随着技术的变化，是否存在实际工资保持不变的趋势？正如我们

在劳动力价值问题和转形问题的讨论中已经看到过的那样，对于马克思而言，将劳动力价值归结为购买一单位劳动力所需的社会劳动时间而不是实际工资，这样的观点是再自然不过的。只有对马克思在《资本论》（1867，pp. 170 - 171）当中关于实际工资由历史的和道德的生活水平因素绝对的论述作出教条化的理解，才能得出相反的结论。

"置盐定理"与实际的资本主义经济发展经验也不十分相符，因为资本积累的显著特征就在劳动力价值的下降和剥削率的上升的同时，实际工资出现上升。因此，在实际的资本主义经济中，不管技术变化过程是提高利润率还是降低利润率，要说出个所以然来，都是不可能的。只有在实际工资不变（这意味着资本家占有了全部技术进步带来的收益）这一极为强性的假设下，"置盐定理"的结论才能够成立。

九　结　论

马克思对于利润率下降问题的兴趣来自希望了解资本积累时资本主义经济的实际发展状况。从决定资本积累的因素来看，资本主义的发展方式可以归结为如下几点：（1）劳动生产率提高；（2）剩余价值率提高；（3）实际工资增加；（4）劳动者工资占全部资本的比重下降；（5）利润率下降。马克思力图在资本主义生产方式带来技术进步的基础上来解释资本主义经济的发展方式。

我们有强有力的经验证据支持以上前四点，它们很难引起争议。而对于长期资本积累过程中利润率趋于下降这一结论，支持的证据就很为含混，解释起来也更加困难。

不难看出，马克思对于利润率下降的问题很感兴趣，因为，这会引向一个美丽的辩证性结论。马克思说，资本主义生产方式在人类历史当中的进步的、积极的作用是什么？是资本主义生产方式发展了生产、解放了生产力，进而提高了人类的生产力。这样一个过程也包含了将人类劳动减少到最小限度的努力。但是，正是人类劳动为资本提供了其赖以存在的剩余价值，在努力缩减生产过程所要求的劳动时间的同时，资本主义也在削弱占有无酬劳动时间的社会基础。这一矛盾通过利润率下降表现了出来。资本主义生产方式的积极面——技术进步，伴随着对资本主义生产方式赖以存在的利润率的销蚀。

第九章

资本主义经济危机理论

一 资本积累的暂时不平衡

在稳定状态路径上的资本循环模型将资本积累描述为一种平稳、持续和平衡的增长。所有关于经济活动的指标，包括价值的存量和流量指标，都在以同样的比率增长。资本循环的各个阶段进行得平稳有序。不存在制成品以存货形式堆积起来卖不出去或者存货被废弃的可能，也不存在货币资本流动的停滞。如果有社会消费发生了变化，经济体系会通过资本从衰落部门转移到新兴部门而轻松地应对。货币的价值保持不变或者以可预测和稳定的方式变动。

历史证明，这样持续均衡的资本积累很少出现。资本积累总是在不均衡地发生，高速增长总是会被缓慢增长或负增长所打断。在一定时期，商品存货开始堆积起来卖不出去，生产能力过剩问题开始出现。货币价值的变化速度经历了一个急剧的变化。经历过这样一个或长或短的中断时期之后，经济体系又回归到平稳积累的模式上，直到被再次中断。

对于历史资料细致的分析表明，资本积累中断的这些时期有一个规律性模式。在时间顺序上一些事件通常会先于其他事件发生。但中断的模式不具有规律性，不同阶段发生的特定时间与不同阶段间的间隔都是变化无常的。生产变化的数量及资本循环的其他方面也都存在着巨大的差异。

用来描述资本积累中断最典型特征的一个概念是"商业周期"。周期一开始，资本主义经济增长，币值稳定，资本积累也基本稳定。这样一个稳定的增长会加速走向繁荣。随着迅速扩张货币价值会迅速下降，短缺开始出现，利息率开始上升，利润率下降。迅速的扩张最终会达到一个拐点，这样一个拐点会在信用市场的极端情况（利率达到极高水平或贷款水平突然下降）中表现出来，经过这样一个拐点，产出的增长率开始变负。在这样一个衰退的过程中，资本家会发现产品的出售变得困难并因此削减产量，进而失业增加和产能过剩。投资下降，货币资本趋于停滞。在某一点上，紧缩的过程趋于结束——一般来说，是在币值变得更加稳定或者开始出现上升，或者在利率出现急剧下跌之后——一个较强或较弱的资本积累阶段再次开始。

  部分商业周期的发生是温和的，且时间较短，可以将他们看成是资本积累过程中正常的一部分。但有时候，比如20世纪30年代的世界经济，这样一种中断程度非常严重，拖延的时间非常久，使得资本主义经济的进一步发展都成为问题。马克思将这样一种严重的事件称为资本主义经济危机。经济危机通常会标志着资本主义经济发展方式的一个拐点，其中包括了政治上的重大变化以及政府与市场关系的重大变化。

二　经济危机的一般理论

  马克思经常将资本主义经济危机作为资本主义生产的基本矛盾在极端条件下的反映来分析。一场严重的经济危机一方面表现为需求不足突然迅速增加（由于失业增加和收入的下降），另一方面表现为可用以满足需求的闲置生产力突然迅速增加（生产资料的闲置和存货的销毁）。马克思将这样一种非理性的方式看成是全新的、资本主义所特有的一种情况。在资本主义之前的其他社会形式中，由于饥荒、水灾、时疫或者战争，也会出现严重的生产危机。但在这些情况下，需求不足的增加与生产资料的被破坏相对应。对于生产资料被破坏时为什么人们的需求不足这一点理解起来并不困难，但在存在大量闲置生产能力的情况下仍然存在人们需求不足的问题，则让人感到费解。马克思说（1894，pp. 257 - 258）：

> 生活资料和现有的人口相比不是生产得太多了。正好相反。要使大量人口能够体面地、象人一样地生活，生活资料还是生产得太

少了。

> 对于人口中有劳动能力的那部分人的就业来说，生产资料生产得不是太多了。正好相反。……
>
> 但是，要使劳动资料和生活资料作为按一定的利润率剥削工人的手段起作用，劳动资料和生活资料就周期地生产得太多了。……
>
> 不是财富生产得太多了。而是资本主义的、对抗性的形式上的财富，周期地生产得太多了。①

在没有进一步具体研究经济危机发生的准确机制的情况下，马克思认为经济危机的发生反映了商品经济条件下使用价值与价值之间的基本矛盾。商品生产是由对价值的追求驱动，资本主义生产则是被对剩余价值的追求所驱使。使用价值的生产和分配不过是追求这一价值过程中伴随的副产品。在资本主义体系中，我们将会看到当由于某种原因使用价值的生产与价值的占有或保存不一致时，需求不足与过剩生产能力是如何并存的。

马克思在《资本论》开始的章节中就分析了这一问题。在他关于商品流通形式 C – M – C′ 的讨论中（1867，pp. 113 – 114），他强调了伴随货币与商品对立的发展导致买卖之间分离。他用下面一段话说明了经济危机与商品生产的基本特征之间的联系：

> 当内部不独立（因为互相补充）的过程的外部独立化达到一定程度时，统一就要强制地通过危机显示出来。商品内在的使用价值和价值的对立，私人劳动同时必须表现为直接社会劳动的对立，特殊的具体的劳动同时只是当作抽象的一般的劳动的对立，物的人格化和人格的物化的对立，——这种内在的矛盾在商品形态变化的对立中取得了发展的运动形式。因此，这些形式包含着危机的可能性，但仅仅是可能性。这种可能性要发展为现实，必须有整整一系列的关系，从简单商品流通的观点来看，这些关系还根本不存在。②

---

① 译文引自《马克思恩格斯全集》（第25卷），人民出版社1974年版，第287页。——译者注

② 译文引自《马克思恩格斯全集》（第23卷），人民出版社1972年版，第133页。——译者注

马克思在整个《资本论》中逐步发展了这种观点。一旦我们明白了资本主义社会工人和资本家之间的划分，就会给予危机问题一个更为准确的形式。工人的行为不大可能引发买卖之间严重的割裂，因为当工人面对波动时可以使用储蓄的货币来维持自己的消费。假如工人控制整个经济体系中的价值流动，严重的经济危机就不会出现。从这种意义上来说，工人有限的购买力是资本主义经济危机的一个必要条件。马克思在《剩余价值理论》（1963，p. 492）中说：

> 这种追加生产的尺度，是资本本身，是生产条件的现有规模和资本家追求发财致富和扩大自己资本的无限欲望，而决不是消费。消费早就被破坏了，因为，一方面，人口的最大部分，即工人人口，只能在非常狭窄的范围内扩大自己的消费；另一方面，随着资本主义的发展，对劳动的需求，虽然绝对地说是在增加，但相对地说却在减少。①

经济危机的充分条件是资本主义生产自身的存在，因为资本家不是为了买而卖，而是为了卖而买。对剩余价值追求的逻辑自身就包含危机问题。马克思在《资本论》（1894，p. 258）中总结了这一认识：

> 生产的扩大或缩小，不是取决于生产和社会需要即社会地发展了的人的需要之间的关系，而是取决于无酬劳动的占有以及这个无酬劳动和物化劳动之比，或者按照资本主义的说法，取决于利润以及这个利润和所使用的资本之比，即一定水平的利润率。因此，当生产的扩大程度在另一个前提下还远为不足的时候，对资本主义生产的限制已经出现了。资本主义生产不是在需要的满足要求停顿时停顿，而是在利润的生产和实现要求停顿时停顿。②

这样的话，马克思对于资本主义经济危机的一般性分析的核心在

---

① 译文引自《马克思恩格斯全集》（第26卷）（第二册），人民出版社1973年版，第562页。——译者注
② 译文引自《马克思恩格斯全集》（第25卷），人民出版社1974年版，第288页。——译者注

于，资本主义经济危机内生于资本主义生产方式的基本矛盾。经济危机不是在资本主义经济体系之外施加于它的影响，而是随着资本主义经济的发展而发展。而且，马克思将经济危机看作是一剂"泻药"。经济危机会解决资本积累所带来的问题，为新的积累创造条件。

三 经济危机的特殊理论

在可见的马克思的著作中，没有一个关于资本主义经济危机的系统的、综合的分析。他在不同的语境中讨论这一问题时，经常是在讨论其他问题时附带提到，或者是在批判其他经济学家的观点时涉及经济危机问题。关于经济危机问题最为连贯的论述出现在《剩余价值理论》中（1963，第17章）。但即使是在这一部分中，马克思的初衷也是要对李嘉图对萨伊定律的批判进行彻底的批判，而不是要从正面提出一个资本主义经济危机根源的理论。

因此从严格意义上来说，不存在一个马克思主义的经济危机理论或模型，也就是说，不存在一个可以充分依靠源自马克思关于经济危机的分析。后来的学者、辩论家、革命家重新构建了严格意义上的各种经济危机理论，每一种理论都强调了马克思并不系统分析中的这个方面或那个方面。

可以把这些理论宽泛地划分为三类。第一类，将危机归结为资本积累过程中"比例失衡"的发生。这些理论将关注点主要放在了与资本主义生产的无政府状态相关的马克思对于资本主义再生产过程中两大部类问题的分析上。第二类，强调"消费不足"，将总需求不足作为危机发生的根源。一般的说法是资本主义生产关系所导致的分配不均与整个经济体系对需求增加和产品实现的要求产生了矛盾。第三类，将经济危机与资本积累过程中的利润率下降趋势联系在了一起，在这类理论当中，下降的利润率导致了危机的出现。

四 马克思对于萨伊定律的批判

所有沿着马克思的批评展开的危机理论都拒绝古典经济学主张的"萨伊定律"。如同我们在资本循环分析中已经看到的那样，如果在给定的某一时期内生产的商品能够按照一定价格出售变为货币，这样形成的货币收入也应当足够用于购买同样价格的那些商品。这样就会形成一个同义反复，对商品的潜在需求由这些商品的生产产生。那些赞同萨伊定律的古典经济学家又向前迈了一步，认为这样的潜在的货币需求是实际存在的，货币机制以某种方式平稳有序地解决了这些潜在货币需求的融资问题。

总的来说，这些主张萨伊定律的最简单论点是将货币概念排除在外，将分析建立在商品直接物物交换的假设之上。米尔说："构成商品支付手段的就是商品本身。"（转引自 Keynes, 1936, p. 18）一种较为复杂的观点认为，经济代理人的行为或市场运行通常能够保证商品生产能够产生购买这些商品所需的货币需求。李嘉图总结这一观点（转引自马克思, 1963, p. 493）时说，"没有一个人会生产，除非他想消费或出售，也没有一个人能够出售，除非他打算采购一些别的商品"。

马克思对萨伊定律的这两种想象进行了批判。首先，他强调了交换过程中货币作为交换媒介的重要性。在《资本论》（1867, p. 113）中他说：

> 卖和买是同一个行为。……这种同一性还包含这样的意思：如果这个过程成功，它就会形成商品的一个休止点，形成商品生命中的一个时期，而这个时期可长可短。……没有人买，也就没有人能卖。但谁也不会因为自己已经卖，就得马上买。[1]

我们可以使用资本循环模型赋予这一观念更多的特性。在资本循环过程中，生产和购买环节的时间间隔导致价值存量——生产资本、货币资本和商品资本的产生。假定现在由于某种原因，货币资本支出的时间间隔被拉长，则资本预付的规模将会下降，相应地商品销售也会下降。由于生产仍是基于以前的资本预付水平进行的，这会立即导致等待销售的产成品存货增加，以及产品生产与销售之间的时间间隔被拉长。这样一种影响在资本主义经济危机中可以清楚地看到，在经济危机时期，企

---

[1] 译文引自《马克思恩格斯全集》（第23卷），人民出版社1972年版，第132—133页。——译者注

业会发现要将生产出的产品全部卖出存在困难。这样的话，市场中总需求的规模与生产规模二者之间会由于资本家（或工人）推迟其收入的花费而出现矛盾，这与萨伊定律的主张显然是矛盾的。

马克思的分析并没有停留于此，而是进一步深化了自己的研究。他认为，资本主义体系总是趋向于经历这样一种支出的推迟和总需求的下降，但其他的生产方式不会这样。在《剩余价值理论》（1963，pp. 502–503）中马克思将经济危机现象与资本主义经济的生产行为联系在了一起。

> 在人们为自己而生产的社会条件下，确实没有危机，但是也没有资本主义生产。我们从来也没有听说过，古代人在他们以奴隶制为基础的生产中见过什么危机，虽然在古代人中也有个别生产者遭到破产。
>
> ……资本家在出卖时的直接目的是把他的商品，确切些说，是把他的商品资本，再转化成为货币资本，从而实现他的利润。消费——收入——决不是这个过程的主导因素，对于仅仅为了把商品变成生活资料而出卖商品的人来说，消费确实是主导因素。但这不是资本主义生产，在资本主义生产中，收入是作为结果，而不是作为起决定作用的目的出现的。每一个人出卖，首先是为了出卖，就是说，为了把商品变成货币。①

各种不同的马克思主义危机理论之间的差别在于所选择的导致危机发生的资本主义生产的具体方面不同。

五　比例失调理论

马克思通过对简单再生产和扩大再生产的分析指出，整个社会的资本应当被正确地分配于社会生产的两大部类。同时，他认为资本主义生产无政府状态的特征也适用于社会资本的配置。资本的配置完全取决于

---

① 译文引自《马克思恩格斯全集》（第 26 卷）（第二册），人民出版社 1973 年版，第 573—574 页。——译者注

单个资本家的分散决策。假如这样一种分散决策导致过多的资本集中于某一部类,社会再生产平稳进行的条件就会被破坏。过度扩张的部门会发现其产品很难销售出去,利润率将会下降到市场未扩张前的利润率的水平之下。危机是不是经济体系解决这样一种矛盾的方法呢?

这一问题当然是信奉自由市场的古典经济学,特别是斯密,研究的基本课题。古典经济学假定资本配置的不均衡可以通过资本配置的分散化决策机制得到解决。也就是说,当某一部门的利润率相对于另一部门的利润率水平较高时,资本家为了追求更高的利润率就会将自己的资本从过度膨胀的部门中移出,转移到投资不足的部门中。结果就是,按照古典经济学所说的那样,不均衡问题就会被无政府主义的力量纠正,就如同它会导致不均衡问题产生那样。

在这一点上,马克思主义者的认识有所不同。持比例失衡危机理论的马克思主义者认为,过度扩张部门的收缩与投资不足部门的扩张,二者不会正好匹配。因此,在调整的过程中总需求将会下降,产品变现的危机将会在两大部类中发生。按照这种理论,某一部门过度投资的发生将会导致总需求的下降和资本转移过程中普遍危机的发生。

按照我们已经讨论过的说法,总需求的下降一定会包含某一部类或两大部类货币资本周转率的变化。比例失衡危机理论中关于比例问题还有另外一个方面,那就是资本的不同形式,即货币资本、生产资本和商业资本的比例关系问题。社会资本再生产的平稳运行既要求社会资本在两大部类之间配置要合理,也要求总资本不同形式之间比例要恰当。假如资本家拒绝按照正常的速度预付资本,延缓了货币资本的周转速度,他们就会减少工人的收入和他们自身对生产资料的需求,进而导致社会总需求水平的下降。结果就是,制成品存货将会上升。或者,换一种说法,是商品资本的周转率下降。在这种情况之下,同生产资本相比,持有的货币和制成品存货不成比例地过大。马克思用如下的方式描述了这样一种情况(1963,p. 494):"以货币形式(金或银行券)积累起来的剩余价值如果转化为资本就只会带来损失。因此,这些剩余价值就以贮藏货币或者信用货币的形式闲置在银行里,而这丝毫不会改变问题的本质。"

在比例失衡危机理论看来,最初的失衡——社会资本在两大部类之间的配置比例的失衡——会转化为整个体系内不同形式资本之间比例关系的失衡。危机的征兆开始出现——存货非正常增加、生产和雇员人数下降以及总需求的累积下降。

六　消费不足危机理论

资本主义经济危机的一个突出特点是资本家普遍不能卖出他们所能生产的全部产品。危机时期，总需求水平会低于总供给水平。一些马克思主义经济学家将此作为危机理论的基本方面。这类理论的基本观点是，资本主义经济无论是在一般情况下还是在危机时期，都无法产生足够的需求来购买其全部的产出。

消费不足理论主张的一种最简单的表述是，资本主义经济产生足够的总需求在逻辑上是不可能的。一种观点认为，由于工人只拿到全部价值中作为工资的那部分，他们的消费需求将会低于他们所生产的产品，进而在市场上留下那些过多的供给（这种认识我们在第五章当中看到过，是荒唐的）。这种简单形式的消费不足、理论的谬误在于没有认识到剩余价值也会作为资本家和企业的收入存在，这些收入支撑着对于产出更多的需求。马克思自己在关于简单再生产的分析中说明了这一点（1893，pp. 410-411）：

> 认为危机是由于缺少有支付能力的消费或缺少有支付能力的消费者引起的，这纯粹是同义反复。……但是，如果有人想使这个同义反复具有更深刻的论据的假象，说什么工人阶级从他们自己的产品中得到的那一部分太小了，只要他们从中得到较大的部分，即提高他们的工资，弊端就可以消除，那末，我们只须指出，危机每一次都恰好有这样一个时期做准备，在这个时期，工资会普遍提高，工人阶级实际上也会从供消费用的那部分年产品中得到较大的一份。①

如第五章所说，工人和资本家收入的总和与产品价值相等。当足够

---

① 译文引自《马克思恩格斯全集》（第24卷），人民出版社1972年版，第456—457页。——译者注

的融资或货币流量或者是信用扩展存在时，原则上资本主义体系有足够的总需求来维持扩大再生产，不会导致存货的非正常增加。当然，论证这种可能性并不表明资本主义经济体系中总需求在事实上总是足够大。要说明这一点，我们就必须要研究是哪些力量决定了工人和资本家花费他们从生产中所获收入的决策。马克思主义理论习惯于认为工人倾向于迅速花掉他们的全部收入，因此，在马克思主义者的框架内，对消费不足问题的分析主要集中在资本家花费剩余价值的决策上，而不是通过积累购买生产资料来扩大再生产去消费。

也许沿着这一思路展开的分析中最有影响的是罗莎·卢森保的分析，她认为资本主义经济从结构上不可能产生足够的需求使得所有的产品得以变现（本书第五章）。卢森保的分析有两个方面。第一，她使用了马克思在扩大再生产分析中所强调的事实，即如果没有新的货币商品的生产和新的资本主义企业借贷出现，那么购买上的时间间隔将会使得扩大再生产条件下的总供求之间的缺口变大。我们在第五章当中的分析已经表明，无论是信用的扩张还是货币商品的生产对于解决这一问题都是必要的。但这样一个结论将总需求分析的重点从分配合理性问题（即增加的价值在工人与资本家之间的分配）转向了信用体系运行问题。

第二，卢森保指出，即使资本家有收入可供支出并能够为其支出进行融资，但是认为他们会扩大整个资本进行足够的投资来无限地维持总需求的观点也是不合理的。按照卢森保的说法，资本主义经济生产的最终目的是提供可供工人消费的产品。对于生产能力投资合理性的判断要看最终是否能够生产出消费的产品。但资本积累过程不断提高剩余价值率，来减少投资赖以存在的消费。当工人们从新增加的价值中获取越来越小的份额时，他们的消费在整个生产中的地位就越来越不重要。但要问卢森保的是，我们如何能够想象资本家会不断地投入大量的货币扩大生产能力从而去满足一个不断萎缩的最终需求呢？生产过剩的问题早晚会出现，资本家将会拒绝进一步将剩余价值用于积累。这样的话，即使他们拥有可以形成足够需求的收入，他们也不会迅速地将这部分收入花出去来产生一个可以使得全部产品可以卖出的总需求。

这样一种与凯恩斯主义者的停滞理论有许多共通之处的观点并不容易被摒弃，但这里确实存在着引人注目的非马克思主义的前提，即资本主义生产的最终目的是工人的消费。马克思本人的论述趋向于得出相反的结论——资本主义的目标是资本积累，工人的消费只不过是附属物。

关于消费不足危机理论的最新一种表现形式是政治商业周期理论。这一理论不是建立在假定资本主义社会关系不能够创造出足够总需求的基础之上，而是建立在存在阶级划分的工业资本主义社会不能够无限容纳高的总需求水平之上。如同 Kalecki（1943）所指出的，这种理论认为，资本主义经济体系中的总需求水平可以由政府的政策来决定，特别是那些关于对外贸易、政府预算、央行的货币政策等方面的决定。Kalecki 相信，这些政策的合理运用，能够确保国家的总需求持续高增长。并且能够在大多数工业化国家消除流动的产业后备军。但产业后备军的消失就会消除在岗工人的失业恐惧，极大地增强他们在与资本家就工资和劳动条件进行谈判时的地位。由此，Kalecki 认为，资本家最终会要求政府降低总需求，制造一场可控制的资本主义危机，从而补充劳动力失业大军中的人口，并且制约工人使其在谈判时更为温和。

政治商业周期理论同时也带来了许多问题。在技术层面上，它迫使我们认真思考为什么国家能够决定总需求水平，以及什么样的机制使得政府能够击败市场自发决定的运动。这一理论还进一步提示，是否工人只要获取一家可以控制政府政策的公司，他们就能够消除资本主义经济危机，而不用消除资本主义本身。我猜想这样的结论马克思是不会苟同的。

七　利润率下降危机理论

马克思强调技术进步对于资本主义生产的积极作用。正如我们在第四章和第八章当中注意到的，技术进步问题首先出现在对相对剩余价值的分析中，技术进步使得工人在实际消费可能增长的情况下降低了劳动力价值。技术进步问题第二次出现是在对资本主义发展过程中利润率下降趋势的分析中，下降的原因在于：相对剩余价值的生产导致的剩余价值率上升被不变资本和可变资本比率的上升抵消。这样，将经济危机理论建立在马克思著作的这一重要主题上，将不断下降的利润率作为解释资本主义经济危机的原因，就具有吸引力了。这样一种视角将经济危机与资本主义最基础性的、也最具历史进步性的方面——技术进步及其对巨大生产力的调动能力联系在了一起。

初看起来这样一种分析思路很有前景。我们已经注意到经济危机包含了资本家支出的减缓。平均利润率的下降导致这样一种资本支出的下降看起来也是合情合理的。但进一步地分析会揭示出这种分析存在的深层次问题。我们注意到，根据对资本循环的分析，正的利润率可以保证资本积累的持续进行，而且无论其绝对值有多么小。在生产资本、商品资本和货币资本的周转率以及剩余价值再投资的比率给定的条件下，较低的利润率当然会意味着整个资本体系增长率的下降。但在资本主义体系内部协调一致的情况下，较低的绝对增长率并不会带来什么明显的问题。假如利润率确实在持续地下降，那么资本主义体系为何不会通过逐渐降低资本积累率适应这一变化呢？也许资本家不会欢迎这样一个逐渐降低的积累率，但是，它却不会导致危机的必然发生。换句话说，这样一种对于资本主义经济危机的解释必须对于下述问题给出一个系统的解释，即为什么在某一时刻利润率的下降会导致一个急剧的、非持续性的经济行为的调整。

但如果我们假定这样一种机制确实存在于资本主义经济，也包括信用体系和金融（尽管马克思没有明确建议这样做），那么我们将面对这样一个问题，即哪一个因素导致了利润率的下降，进而最终导致了危机的发生。这里存在两种不同的观点。一类学者延续了李嘉图关于利润率的看法，强调不断上升的实际工资降低了剩余价值率，进而降低了利润率。比如，20世纪的一些学者强调了这样两种趋势，一是利润边际在接近经济繁荣的顶端时开始下降；二是当就业率变得非常高时，货币工资的上涨会迅速快于货币价格的上涨。按照这种观点，商业周期中经济的繁荣会由于劳动后备大军的消失、工作职位的竞争不那么激烈，进而工资上升走向终结。结果就是"利润压缩"，剩余价值率和利润率都会下降。危机会产生大量的失业人口去补充产业后备军。工作职位的竞争度提高，工资水平变得适中。经过一段时间之后，剩余价值率和利润率的水平得以恢复，积累重新开始。正如我们早前注意到的，马克思认为在危机之前存在一个不断上涨的高工资时期。但在《资本论》的其他地方（1867，p. 620），马克思认为将上涨的工资看作是危机发生原因的观点是错误的，"用数学上的术语来说：积累量是自变量，工资量是因变量，而不是相反"。

与上述的观点相反，另一些学者并没有将重点放在经济繁荣时期产业后备军消失的问题上,而是强调了传统的马克思主义者的观点,认为资本积累会导致技术进步的发生,进而导致不变资本较可变资本有更快的增加。在这样的一种分析中,资本积累通过增加生产所需资本这一方式,逐步改变了生产的技术基础。马克思在《资本论》(1894,pp. 250 - 251) 中描述了这样一个过程:"单个资本家手中为了生产使用劳动所必需的资本最低限额,随着利润率的下降而增加;这个最低限额之所以是必需的,既是为了剥削劳动,也是为了使所用劳动时间成为生产商品的必要劳动时间,使它不超过生产商品的平均社会必要劳动时间。"在某些方面,当这些累积性的变化与资本家进行投资时的获利预期不相一致,结果就会导致危机的发生。从这样的观点出发,危机就是一剂"泻药",因为它涉及对旧有资本的破坏,提升了平均的劳动生产率,使得积累重新开始,尽管平均利润率下降了。

八 资本积累的长期趋势

马克思关于经济危机是短期中资本积累过程中断的分析,是与对资本积累长期趋势的分析伴生的。这一分析在政治上非常具有影响,也是马克思经济学中最具争议性的部分。

马克思认为,资本积累将会伴随着单个资本规模的急剧增大而增大。有两种机制导致了这样一种增大。第一,每一种资本都趋向于通过自身利润的再投资来获得增长。这样,每一种成功资本的规模都会随着时间的变化变得更大。马克思将这一过程称为"资本积聚"。第二,马克思认为,那些成功的大资本倾向于在竞争中吸收其他较小的资本。这样一个趋势对应着破产、兼并、收购等。资本主义经济危机将会极大地加速这样一个被马克思称为"资本集中"的过程,因为,危机中那些弱小的资本在需求下降和利润减少的冲击下会自愿被大资本所吸收。

资本积聚和资本集中的过程会导致那些具有代表性的重要资本相对于其他竞争者和市场而言显得规模过大,这样一种情况马克思称之为"垄断"。但严格意义上来说这不是垄断。垄断不仅意味着市场中只有一个卖家,在广泛的意义上还意味着资本拥有且能够运用市场力量(包括定价和广告战略)作为竞争中的武器。

资本积累对于工人阶级的寿命同样有着重要的影响。第一,马克思认为，资本的增长和人口中受雇佣人数的增加伴随着产业后备军的增长。日新月异的技术进步将雇佣工人赶到了临时失业大军，也就是流动的产业后备军的行列中。农业生产已经按照资本主义的方式进行，农业雇佣工人被替代，为城市工业提供了一支潜在的产业后备军。最后，越来越多的劳动者会发现他们的技能变得过时，或者在工作岗位的竞争中丧失勇气，成为无生气的产业后备军中的一员。尽管在经济的繁荣时期，在劳动力的需求水平非常高的时候，这样一种产业后备军也许会消失，但它总是会随着资本的积累而增加。

第二，按照马克思的观点，资本积累通过改变工作本身使得工人贫困化，资本积累使得工人的工作范围变得更狭窄、内容更细碎化，使得工人的人性分裂。联合起来的工人可以控制更大、更强有力的生产资料，但单个工人就会变得毫无用处。工人被卡在其中，一头是资本家提供的日益枯燥乏味的有限性工作，另一头是来自产业后备军对他们现有生活水平的威胁。

第三，马克思认为资本积累的进展依赖于不断上升的剥削率，因此劳动者在社会总产品中所能控制的部分会越来越小，尽管他们的实际工资和生活水平在提高。即使在工人和资本家的生活水平都提高的时候，工人与资本家之间的社会鸿沟随着资本积累也在不断地扩大。

这样的话，我们从马克思的著作中可以得出关于高度发达资本主义的印象是少数可以支配大量资源的巨型公司为了获取竞争优势而在广告、销售、收购、金融等方面展开的斗争。在马克思看来，这样一种垄断资本主义将会极大地加剧内生于资本主义的社会矛盾。少数强有力的经济决策者——他们决策的目标是获取剩余价值而非直接生产任何社会所需要的产品——在建构和控制着整个的社会和经济环境。单个工人，尽管事实上是他们的劳动创造了这个社会，但他们会发现自己被排除于决策之外，过着一种与控制着巨大资本的社会精英极不相同的生活——事实上，是身处另一个完全不同的世界。

九　资本主义总危机

马克思希望这样一种垄断资本主义能够为资本主义经济向社会主义经济的变革准备条件。这是一个复杂的问题并且涉及诸多方面。第一，垄断资本的发展使得生产在社会基础上合理化了。垄断资本推动着巨大的生产力，为需求的满足提供廉价的供给。这样的话，垄断资本就有必要创造一些制度来管理在集中的、社会的基础上的社会生产。第二，垄断资本主义通过发展具有高度生产力的技术使得生产丰裕的社会剩余变得可能，从而为社会主义社会创造了技术基础。最后，按照马克思的观点，垄断资本主义阶段通过培养大量自觉的、政治上有组织的工人阶级，为社会主义社会的产生创造了社会和政治基础。马克思将无产阶级看作是未来社会主义社会的政治基础，看作是能够从资产阶级手中接过社会管理权的阶级。

资本主义的总危机作为人类社会和历史的转折点不是一个关于信用或者总需求的技术性问题。当资本主义自身确实产生出大量有着技术知识和出于社会整体的目标自信能够控制巨大的社会生产力的人的时候，资本主义的最终危机就将发生。

第十章

社会主义

一 社会主义和资本主义批判

关于马克思经济学研究一个令人困惑的事情是,尽管马克思的动机是要推动社会主义理想,但他的著作中充满了对于资本主义的详尽批判。尽管在他的著作中散落着对于社会主义偶尔的评论和对其他人的社会主义观的批判,但马克思自己从未对社会主义进行过一个系统而详细的描述,这使得上述困惑进一步加深了。为什么马克思没有直接说明他对社会主义的规划而是努力向读者说明社会主义相对于资本主义具有的优越性?理解这其中的原因也许可以帮助我们解决上述困惑,更好地理解马克思的经济学。

马克思对于不同时代不同地区的人们以不同的方式组织起来生产他们生活所需要的物质资料这一问题印象深刻且充满兴趣。对于人类学和历史学资料的研究使得马克思十分看重有历史记录以来的生产技术的变化以及社会和政治组织的变化。马克思将描述技术和组织变化的特征、发现人类社会从一种"生产方式"向另一种"生产方式"变化的过程,看成是社会科学和社会批评家的主要任务。

而身处这些伟大变革中的人们并不总是能够充分意识到他们所从事活动的这一方面。从19世纪的许多事件中马克思清楚地看到了这些变化,这些变化在历史上花费了数世纪才得以成熟,而且这种变化是无数个体行为普遍变化的结果。我们无法在历史的某一时刻发现某个人或某一群人作出有意识地改变生产方式的决定。但同样清楚的是,生产方式的变革会随着越来越多的人对于生活以及生活的组织方式达成新的共识而出现。随着部分共识的实现及这一共识内在的含混部分与问题日益清晰，这一种共识自身也会发生变化并成熟。马克思关于这一问题有一段著名但又充满争议的说明：

> 人们在自己生活的社会生产中发生一定的、必然的、不以他们的意志为转移的关系，即同他们的物质生产力的一定发展阶段相适合的生产关系。这些生产关系的总和构成社会的经济结构，即有法律的和政治的上层建筑竖立其上并有一定的社会意识形式与之相适应的现实基础。物质生活的生产方式制约着整个社会生活、政治生活和精神生活的过程。不是人们的意识决定人们的存在，相反，是人们的社会存在决定人们的意识。社会的物质生产力发展到一定阶段，便同它们一直在其中活动的现存生产关系或财产关系（这只是生产关系的法律用语）发生矛盾。于是这些关系便由生产力的发展形式变成生产力的桎梏。那时社会革命的时代就到来了。随着经济基础的变更，全部庞大的上层建筑也或慢或快地发生变革。①

在上面的语境中，马克思将社会主义看作是人类历史进程中一种全新的生产方式。如果我们从这一角度来看待问题，就能明白为什么要求给出一个关于社会主义生产方式的成熟分析是不恰当的。同时，我们也应当明白，为什么不能将关于资本主义和社会主义的讨论建立在哪一种生产组织方式对于人们普遍最好之上。一些事对于一些人来说是可能的，因为他们有关于自身和外部世界的知识，但对另一些人则是不可能的，因为他们尚未有如此的发现。同样的制度会产生不同的影响，因为最终的影响还取决于与这一制度共存的其他方面。比如，平均主义的分配模式会使社会剩余产品的积累无法进行，使一个技术落后的社会陷于停滞。但同样的分配模式可能会使得一个技术先进的社会消除那些导致社会产生矛盾的根源，创造出更高的社会生产率。因此，单纯用好坏的观念来评价生产的社会组织方式是与历史分析方法相矛盾的。

从这样一个观点出发可以得出的正确认识是，现代人由于对自身所

---

① 译文引自《马克思恩格斯全集》（第13卷），人民出版社1962年版，第8—9页。——译者注

处的历史状况有足够的了解，因而他们能够更加清楚地意识到他们的行动正在改变社会生产方式。对这些人而言，对于现存社会生产组织明晰正确的批判性认识是一种宝贵的资源。这也是马克思付出巨大努力揭开 19 世纪社会生产组织运行方式神秘面纱的原因。

从马克思对于资本主义的批判中，我们期待了解到对于以下关于社会主义问题的答案：资本主义经济组织哪些方面的变革是可能的？假如资本主义不是自我毁灭的，那么资本主义经济体系中不同制度之间存在什么样的联系，使得一种制度的变化要求其他的制度作出相应的变化？资本主义经济运行体系有着什么样的社会功能，社会主义经济体系又应当作出怎样的安排来实现同样的功能？如果社会主义生产是一种相对于资本主义生产的历史进步，那么社会主义将必须吸收资本主义的哪些方面？

二 资本主义的积极面

马克思是一分为二地看待资本主义制度的。与先前的生产方式相比，马克思认为资本主义是人类历史和解放事业上具有决定意义的进步。在《资本论》（1894，p. 819）中他做了如下评论：

> 一般剩余劳动，作为超过一定的需要量的劳动，必须始终存在。只不过它在资本主义制度下，象在奴隶制度等等下一样，具有对抗的形式，并且是以社会上的一部分人完全游手好闲作为补充。……资本的文明面之一是，它榨取剩余劳动的方式和条件，同以前的奴隶制、农奴制等形式相比，都更有利于生产力的发展，有利于社会关系的发展，有利于更高级的新形态的各种要素的创造。[①]

但与资本主义已经为之奠基的未来可能的社会形态相比，马克思认为，资本主义是落后的、狭隘的，并且由于其自身的矛盾注定要灭亡。马克思对于社会主义的认识更多地来自他对资本主义具有积极性方面的论证，因为他将社会主义看成是对资本主义积极方面的继承和提

---

① 译文引自《马克思恩格斯全集》（第 25 卷），人民出版社 1974 年版，第 925—926 页。——译者注

高。对马克思而言，资本主义实现了个体和个性的极大解放，进而激发了人们从事社会生产的极大能量。资本家作为人接受了通过他或她的决定和行动建设物质世界的力量和责任。资本家没有把世界看得一成不变，而是要通过自己的行动不断地改造和提升现存的世界。这样一种对迷信、传统、戒律以及求助傀儡充满敌意的实事求是的唯物主义，极大地吸引了马克思。在《共产党宣言》（马克思恩格斯，1848，p. 38）中我们能够看到：

> 资产阶级如果不使生产工具经常发生变革，从而不使生产关系，亦即不使全部社会关系经常发生变革，就不能生存下去。相反，过去一切工业阶级赖以生存的首要条件，却是原封不动地保持旧的生产方式。生产中经常不断的变革，一切社会关系的接连不断的震荡，恒久的不安定和变动，——这就是资产阶级时代不同于过去各个时代的地方。一切陈旧生锈的关系以及与之相适应的素被尊崇的见解和观点，都垮了；而一切新产生的关系，也都等不到固定下来就变为陈旧了。一切等级制的和停滞的东西都消散了，一切神圣的东西都被亵渎了，于是人们最后也就只好用冷静的眼光来看待自己的生活处境和自己的相互关系了。①

与这样一种主观的精神状态相对应的是资本家动员巨大的社会力量从事生产以及推动发明和进步不断改变资本主义社会特征的能力。马克思一再提到资本主义生产对于技术进步的积极作用，这是马克思那些饱受争议但又难以战胜的观念，如相对剩余价值理论和利润率下降趋势理论的核心。技术革新赋予了资本主义创造以往时代不可想象的规模的社会剩余的力量。

马克思设想社会主义应当吸收资本主义这样两项核心的、积极的要素。社会主义者也应是实事求是的唯物主义者。他们应自觉地接受建设一个新世界的责任，应不屑于为人类的失败寻求神灵的庇佑。同等重要的是，他们应拥有与资本主义同样巨大的社会力量动员能力以及良好的

---

① 译文引自《马克思恩格斯全集》（第4卷），人民出版社1958年版，第469页。——译者注

社会剩余产品处置能力。这样的话，马克思的社会主义就没有任何怀旧的成分包含其中，他的兴趣不在于回到小规模生产或排斥技术进步，而在于在追求社会目标过程中积极有效地利用规模和技术。

三 资本主义的消极面

假如马克思接受了规模和技术这样两项作为现代资本主义最明显的表征，那么他又不喜欢资本主义的哪些方面呢？对马克思而言，资本主义最基本的局限是这样一个矛盾，即资本家是在私有而不是社会的基础上使用巨大的社会力量，因而也就无法实现他们所开创的那种社会可能性。资本家的实事求是的唯物主义是在利己主义的框架内建立起来的。从客观的角度来看，资本家是社会生产和社会交换的代理人，但资本家主观上却将自己看成是为成功和生存奋斗的独立个体。成功的资本家不断地通过在社会的基础上组织生产试图超越这样一种局限，但这样一种局限通过彻底击溃实现这种目标的愿望而再次强调了自身的存在。就如同资本主义能够扩大和提升社会生产的规模和技术水平一样，越来越多的社会可能性由于维系和支撑资本主义制度私有和竞争基础的需要而遭受挫败。在《共产党宣言》中马克思和恩格斯解释了这一观点（1848，pp. 40–41）：

> 现代的资产阶级社会，连同它的资产阶级的生产和交换关系，连同它的资产阶级的所有制关系，曾经象魔术一样造成了极其庞大的生产和交换资料，现在它却象一个魔术士那样不能再对付他自己用符咒呼唤出来的魔鬼了。……社会所拥有的生产力已经不能再促进资产阶级的所有制关系的发展；相反，生产力已经增长到这种关系所不能容纳的地步，资产阶级的关系已经阻碍生产力的发展；而当生产力一开始突破这种障碍的时候，就使整个资产阶级社会陷入混乱状态，就使资产阶级的所有制的存在受到威胁。资产阶级的关系已经太狭窄了，再容纳不了它们本身所造成的财富了。①

---

① 译文引自《马克思恩格斯全集》（第 4 卷），人民出版社 1958 年版，第 471—472 页。——译者注

这样看来，马克思对资本主义作为一种生产方式进行批判的核心在于商品拜物教。由此可以看出，资本主义最大的缺陷在于商品关系阻碍了人们清楚地了解他们自己的活动是如何生产他们的物质和社会存在的。在《资本论》（1894，p. 826）中他说："我们已经指出了一种神秘性质，它把在生产中以财富的各种物质要素作为承担者的社会关系，变成这些物本身的属性（商品），并且更直截了当地把生产关系本身变成物（货币）。"①

马克思认为社会主义社会的生产不再采取商品的形式，也不再需要货币，就如同原始的社会生产组织一样。这是一个有力的与众不同的观点。他将马克思与那些将注意力集中在商品生产和货币框架内的权力和物质财富的再分配的人们截然分开了。

马克思对于资本主义的批判也与那些抱怨资本主义生产关系不道德的观点完全不同。马克思将道德看作是一个人们创造的，受约于历史发展和变化的概念。每一个历史阶段都会在其自身的人们之间相互关系的框架内阐明对这些关系的约束。比如在奴隶社会，奴隶主对奴隶的道德行为标准与奴隶主之间的道德行为的标准是完全不同的。而这样的区别对于一个已经消灭了奴隶制度的社会而言就会变得毫无意义且格格不入。在《共产党宣言》中（1848，p. 49）马克思和恩格斯斥责了资产阶级：

> 你们的偏颇观念，驱使你们把自己的生产关系和所有制关系从生产发展过程中暂时的历史性的关系夸大成为永久的自然规律和理性规律，而你们的这种偏颇观念原是过去一切灭亡了的统治阶级所共有的。一谈到资产阶级的所有制，你们就再也不敢去理解你们在谈到古代的所有制和封建的所有制的时候能理解的那种道理了。②

那么我们是说资本主义是一种不道德的生产方式吗？当然，资本主义社会中个体的行为可能会与资本主义自身的道德标准相矛盾，但任何人类社会都是这样的。资本主义条件下发展起来的道德标准也许会引发

---

① 译文引自《马克思恩格斯全集》（第 25 卷），人民出版社 1974 年版，第 934 页。——译者注

② 译文引自《马克思恩格斯全集》（第 4 卷），人民出版社 1958 年版，第 485—486 页。——译者注

对资本主义建立于其上的一些人与人之间关系的疑问，但任何生产方式下都是这样的。从新生的社会主义的角度来看，一些对于现存的资本主义必要的基本关系，如对雇佣劳动者的剥削关系，看起来是不道德的且和自由资本主义的信念格格不入。但声明这一点仅是为了支持新生的社会主义与资本主义展开历史斗争的一面，就像承认社会主义的历史使命一样承认它的道德性。因此，资本主义的不道德性不是进行历史批判的有力根据。

对于马克思而言，社会主义面临的首要问题不是一场设计好的为了使社会现实迎合某种道德理想而进行的社会变革，社会主义面临的首要问题是最成功的资本主义强加于人们的痛苦。为了实现资本主义所开创的社会生产的全部可能性，就应超越建立在私有制基础上的对社会剩余的支配。

在马克思看来，资本主义生产的社会特性与资本主义私有制基础之间的基本矛盾引发了资本主义另外一些主要的社会弊病。经济上支配的私人特性意味着除非将一部分人从社会生产果实的分享中排挤出来，或者说除非形成并维持一个产业后备军，否则，资本主义就不能运行。资本主义生产的这样一种内在不公平性，使生产和再生产着那些通过资本主义生产关系组织起来的人经历着怪诞的极端的命运。

四 马克思对于其他社会主义观点的批判

尽管马克思没有对自己的社会主义思想做一个系统阐述，但他却对他人的社会主义规划做了大量的批判。事实上，这样一个工作最终变成了《资本论》的书稿。这样的工作看起来是作为对一些社会主义者劳动—货币经济建议的批判开始的。在这些社会主义者的建议中，劳动券可以像货币一样流通。马克思对这类建议的批判，可参见《政治经济学批判》中"货币"一章（马克思，1939），主要集中在生产的商品形式与这类建议的社会主义目标之间的矛盾。马克思认为，如果一家银行打算发行劳动券，为了能够购回所发行的劳动券，它就不得不购买所有已生产出的商品。那么，作为一个一般的买者和卖者，银行就不得不为已生产出的商品进行定价，并通过这样一种方式替代市场的作用。马克思继续分析到（1939，p. 155）：

它必须规定能够用平均的产业手段生产出商品的劳动时间,即必须生产出商品的时间。但这还不够。银行不仅要规定必须生产出一定量产品的时间,不仅要使生产者处于这样的条件下,即他们劳动的生产率都同样高,……而且银行还要规定不同生产部门所要使用的［I—20］劳动时间量。后面这一点是必要的,因为要使交换价值得到实现,要使银行的货币真正可以兑现,就必须使整个生产得到保证,而且要保证整个生产按照使交换者的需要得到满足的那种比例进行。……这样,仔细考察就可看到,银行不仅是总的买者和卖者,而且也是总的生产者。①

马克思的结论是,用劳动券制度来改革商品生产,这意味着一种集中指导下的生产全面社会化。

从这样一种讨论中,我们能够看到马克思关于社会主义的概念中包含组织生产的制度框架的根本性变革。生产的组织和监督不能依靠个体间自发的、分散的、狭隘的、自利的相互影响。

马克思也批判了过分强调公平分配是社会主义本质这一社会主义思想。在马克思看来,公平分配的目标看起来是一个自我矛盾、容易引起误解的口号。在《哥达纲领批判》中（1875,p. 324）,马克思批判了所有工人在社会产品的分配上都应享有平等权利的建议。

这种平等的权利,对不同等的劳动来说是不平等的权利。它不承认任何阶级差别,因为每个人都像其他人一样只是劳动者;但是它默认不同等的个人天赋,因而也就默认不同等的工作能力是天然特权。所以就它的内容来讲,它像一切权利一样是一种不平等的权利。权利,就它的本性来讲,只在于使用同一的尺度;但是不同等的个人（而如果他们不是不同等的,他们就不成其为不同的个人）要用同一的尺度去计量,就只有从同一个角度去看待他们,从一个特定的方面去对待他们,例如在现在所讲的这个场合,把他们只当做劳动者;再不把他们看做别的什么,把其他一切都撇开了。其

---

① 译文引自《马克思恩格斯全集》（第46卷·上册）,人民出版社1979年版,第101页。——译者注

次，一个劳动者已经结婚，另一个则没有；一个劳动者的子女较多，另一个的子女较少，如此等等。在劳动成果相同、从而由社会消费品中分得的份额相同的条件下，某一个人事实上所得到的比另一个人多些，也就比另一个人富些，如此等等。要避免所有这些弊病，权利就不应当是平等的，而应当是不平等的。①

而且，在同一篇文章（1875，p. 322）中，马克思也摒弃了社会主义就意味着劳动者作为个人能够获得产品的全部价值的观点。

> 集体的劳动所得就是社会总产品。
> 现在从它里面应该扣除：
> 第一，用来补偿消费掉的生产资料的部分。
> 第二，用来扩大生产的追加部分。
> 第三，用来应付不幸事故、自然灾害等的后备基金或保险基金。……
> 在把这部分进行个人分配之前，还得从里面扣除：
> 第一，和生产没有关系的一般管理费用。……
> 第二，用来满足共同需要的部分，如学校、保健设施等。……
> 第三，为丧失劳动能力的人等等设立的基金，……②

对于马克思而言，社会主义社会应当运用社会剩余来支付管理费用、社会福利费用、国防费用、教育费用和生产资料的投资。这意味着单个劳动者不能够要求获得没有任何扣除的全部产品。

五　马克思的社会主义观

从这样一些间接的表述中，我们能够重构马克思对于社会主义的积极面认识的一些重要方面。他将社会主义看成是一个划时代的历史现象，是

---

① 译文引自《马克思恩格斯全集》（第19卷），人民出版社1963年版，第22页。——译者注

② 译文引自《马克思恩格斯全集》（第19卷），人民出版社1963年版，第19—20页。——译者注

人们与其对自身处境个人理解之间关系的普遍的变革。这样一种变革触及生产组织的最基本面和人们关于他们生存条件的假设。它最终要求将自发、分散、由市场决定的商品生产替换为自觉的由社会管理的生产。

尽管这种看法与资本主义诸多方面相悖，但马克思还是认为社会主义是超越和吸收资本主义许多积极的特征。正如我们所看到的，资本主义所秉持的唯物主义观念是社会主义不可缺少的一部分。在马克思看来，调动生产资源与部署安排大规模社会剩余对于认识资本主义和社会主义都是共通的。

将社会主义看作是对资本主义制度的吸收和超越会带来所有权方面的问题。对于马克思而言，社会主义不是要废除赋予人们使用其生产出来的产品的所有权制度，而是要把归于某特定阶级的所有权转化为社会的所有权，将它明确地置于全社会的支配之下。马克思将资本主义所有权的消逝看作是长期历史演化的结果。在他看来，这样一种演化还将继续引领社会所有权形式的发展。

马克思使用"自由人联合体"来概括社会主义的生产关系。比如，在《资本论》第一章中（1867，p. 78），马克思说："有一个自由人联合体，他们用公共的生产资料进行劳动，并且自觉地把他们许多个人劳动力当作一个社会劳动力来使用。"在《资本论》第Ⅲ卷（1894，p. 820）中，马克思再次表述了这一思想：

> 象野蛮人为了满足自己的需要，为了维持和再生产自己的生命，必须与自然进行斗争一样，文明人也必须这样做；而且在一切社会形态中，在一切可能的生产方式中，他都必须这样做。这个自然必然性的王国会随着人的发展而扩大，因为需要会扩大；但是，满足这种需要的生产力同时也会扩大。这个领域内的自由只能是：社会化的人，联合起来的生产者，将合理地调节他们和自然之间的物质变换，把它置于他们的共同控制之下，而不让它作为盲目的力量来统治自己；靠消耗最小的力量，在最无愧于和最适合于他们的人类本性的条件下来进行这种物质变换。①

---

① 译文引自《马克思恩格斯全集》（第25卷），人民出版社1974年版，第926—927页。——译者注

这样一种暗示性的表述包含三个重要方面。第一，自由人联合体的生产是由社会来组织和指导的。管理生产和配置社会劳动的权威具有直接和明确的社会性。它的合法性来自它是自由人联合体的总代表。

第二，个人向社会提供劳动的动机完全不同于雇佣劳动者。无论雇佣劳动者出卖劳动力是为了自身生存还是为了获得竞争优势，社会主义的劳动者都与之不同，社会主义的劳动者将自己的劳动视作社会劳动的重要组成部分，为整个社会的生存和发展而劳动。劳动者社会心理的这种变化是马克思思想当中最为根本也最为深刻的部分之一。

第三，"自觉"一词在以上表述中发挥着重要作用。对于马克思而言，社会主义的劳动应当基于劳动者知识水平的巨大进步。自由人联合体当中的每一位生产者对于整个联合体的历史、目标、成员自己在其中所处的位置都有着正确的理解。这样的话，对于马克思而言，社会主义的一个重要方面就是驱除了商品拜物教带来的混乱和扭曲。马克思认为，人类历史的进步在于个体自觉性的发展。

六　社会主义建设和工人阶级

在马克思看来，推动社会主义从资本主义生产的矛盾中形成是工人阶级的特殊使命。由此，马克思将对资本主义的批判转向了工人。首先，资本主义社会的工人没有意识到他们在整个生产体系中的地位，只是具有意识，具有他们本原的人种的与宗教的特征。按照马克思的说法，严酷的资本主义生产经验使工人们相信，他们在与资本家和资本主义生产进行的斗争中是在单打独斗。

这种冲突最初表现为工人为限制剥削而争取缩短工作日、限制使用家庭劳动力以及提升工资方面的努力。马克思认为，这些目标仅仅是被动防御性的，在这些领域所取得的胜利也必然是暂时的。马克思理论的目标是要使工人相信他们应超越这些防御性的战略而采取一种进攻性的革命举动来取得国家政权，并且运用政权的力量将资本主义的生产转化为社会主义的生产。通过参与围绕工资、劳动条件以及工作日长度的斗争，工人们会逐步认识到他们的问题不是单个人的问题而是整个阶级的问题。在马克思看来，这样一种认识是工人阶级作为变革资本主义生产关系阶级迈出的第一步。

七　总结

马克思将社会主义看成是一个历史现象，其实际上产生于资本主义社会。这样一种认识的形成不是来自精神领域的规划或计算而是对于已经处于发展过程中的复杂现象的理解。

由于社会主义历史地产生于资本主义生产的矛盾，因此，要了解社会主义，最好从研究这些矛盾自身开始。而且，社会主义最终发展起来的本质会受到其起源于资本主义生产的影响。社会主义超越和吸收了资本主义社会和资本主义财产。

资本主义的重要功能，尤其是维持大规模生产的能力、创造巨大社会剩余的能力，以及系统扩大生产和推动技术进步的能力，在社会主义条件下应当同样能够运行。但资本主义通过商品生产和货币的形式以混乱和令人困惑的方式达到了这些结果。商品生产和货币形式扭曲和掩盖了生产的真实社会属性，而这些生产是由构成资本主义社会的个体进行的。这样的扭曲最终阻碍了资本主义实现它自身所创造的可能。

社会生产向社会主义生产的转变要求生产组织和生产者的心理做同步转变。社会生产组织在承认生产活动的合理性和存在竞争的基础上指导生产活动。同时，单个生产者必须将他的或她的劳动作为社会生产的一部分贡献出来，而且必须能够明确地了解这样一种社会生产方式是什么，单个人的劳动应如何适应它。

阅读建议

1. 读懂马克思：方法

了解马克思对于自己分析方法看法的一个不可或缺的文献是《政治经济学批判（未定稿）》的导言部分（马克思，1859，pp. 188 – 217，1939，导言）。

对于这一问题非常有帮助的讨论在 Rubin（1972，第 1—3 章）和 Sweezy（1949，第 1 章）那里可以看到。

关于这一问题更为有趣也更广泛的讨论，可见于 Rosdolsky（1977，第 2 章，第 34 章），Avineri（1968，第 1—6 章），Althusser 和 Balibar（1970，第 6—9 章），Lichtheim（1964，第 4 册），Meek（1956，pp. 299 – 318），或 Godelier（1975）。

2. 商品：劳动、价值和货币

马克思关于这些基础性的困难问题最集中的论述见于《资本论》1.1 – 3。《政治经济学批判导言》（1859）较早地以较长的篇幅对这一问题进行了说明，读来也具有启发意义。在《政治经济学批判（未定稿）》（1939）当中的"货币"一章里，对于这一问题有一个更早也更为零散的分析，同时它对于《资本论》当中简洁但有些模糊的地方有清楚地说明。

Sweezy（1949，第 2—3 章），Rubin（1972，第 6—7 章，第 13—16 章）以及 Meek（1956，第 4—6 章）对于此问题做了阐明。Rubin 的论述对于抽象劳动、必要劳动和社会劳动这些概念的理解非常有帮助。

Uno（1980）对马克思劳动价值论的分析方法做了一个很好的概括。

Brunhoff（1967，第 1 册）和 Foley（1982，1983a）对马克思的货币理论以及货币价值的概念引发的问题进行了讨论。

3. 资本和剩余价值理论

马克思对于剩余价值理论和资本主义生产的分析可见于《资本论》1.4–10。

对这部分文本的一个有益的解读来自 Sweezy（1949，第 4 章）。

Hartman 和 Markusen（1980），以及 Sen（1980）对于社会再生产分析过程中出现的重要的男女平等问题进行了解释。

4. 资本主义条件下的生产

马克思在《资本论》第 I 卷的第 3—5 部分讨论了绝对剩余价值和相对剩余价值问题（特别是在 1.7–8，1.9.1，1.10.1，1.11–13，1.14.1，1.14.4–5，1.15.1–5，1.16 和 1.18），其中也包含了一些他最为敏锐的历史分析。

对于这一问题分析的现代文献数量巨大且内容丰富。其中 Braverman（1974，尤其是在导言，第 1—6、11—14 章）和 Edwards（1979）是这类分析的开端。Schumpeter（1939）发展了关于资本创新和技术进步的效应方面的论述。Marglin（1974，1975）对资本家与生产技术发展的关系问题进行了独特的分析。

5. 资本的再生产

马克思关于再生产的一般性概念的提出见于《资本论》1.23–25。阅读《资本论》2.1 和 2.7 部分也很有帮助。

马克思对于劳动力价值与工资之间关系的分析见于《资本论》1.19 部分。

马克思关于再生产问题的分析可见于《资本论》2.18，20–21。第 20 章中马克思对于简单再生产的分析是清晰的，问题得到了很好地解决。

Sweezy（1949，第 5 章）对马克思的分析有很好的评论。

Foley（1983b）和 Harris（1972）在这一问题上引入了更为复杂的现代分析。

Luxemburg（1913，第 1—6，27—32 章）的分析有着重要的政治和理论影响。

Kalecki（1971）和 Steindl（1952）将马克思的分析方法发展为一个有力的新颖的关于资本主义经济动态分析的方法。

其他关于这一问题有趣的论述有 Rosdolsky（1977，pp. 63 – 72，第11—24章），Levine（1975）和 Brunhoff（1967，第2册，第1章）。

6. 利润率的平均化

马克思在《资本论》3.1 – 4 中说明了利润率的形成，对于转形问题的解决方法出现在《资本论》3.8 – 10。

后人关于这一问题的文献数量庞大。Sweezy（1949，第7章）推崇传统的方法，而明确地对马克思的方法进行了批判。

Morishima（1973）和 Medio（1972）对马克思的方法进行了传统性的修正，认为工人的消费保持不变而剩余价值量可变。Steedman（1977）在他们的基础上对劳动价值论进行了批判。Fine 和 Harris（1979，第2章）对这些文献进行了评述，并且给出了更多的参考文献。

Dumenil（1980），Lipietz（1982）和 Foley（1982）给出了关于剩余价值量保持不变问题的解决方法。关于马克思在这一问题上所使用概念的更为重要的解释可见于 Baumol（1974）。

其他一些关于转形问题所引起的更广泛的问题的有趣的讨论还包括 Rubin（1972，第17—18章），Rosdolsky（1977，第25章）和 Harris（1978，第3章）。

7. 剩余价值的分割

马克思在《资本论》第Ⅲ卷第六篇说明了地租理论。其要点在第Ⅲ卷第37、38章也能够看到。对于地租理论，Sraffa（1960，第11章）也有说明。

马克思在《资本论》第Ⅲ卷第五篇中对利息和金融问题进行了讨论。其中一些章节属于尚未完成的手稿，但第21—25章的论述相互一致且连贯。

马克思关于生产性劳动和非生产劳动的区分问题的讨论是在《资本论》第Ⅲ卷第四篇分析商业资本时涉及的。第16章是非常有趣的。关于这一问题的一个非常好的评论见于 Fine 和 Harris（1979，第3章）。

关于这一问题更深入地分析大概起始于 Brunhoff（1967，第 2 册，第 2 章）和 Mandel（1968，第 7—8 章）。

Wolff（1986）对这一理论进行了全面的讨论，并且对非生产劳动进行了测度。

8. 利润率的下降

马克思在《资本论》3.13 – 15 中系统论述了利润率下降问题。关注利润率下降理论与《资本论》1.12 – 15 关于相对剩余价值理论之间的联系非常重要。

关于利润下降问题与马克思处理上存在的争议一个有益的总结可见于 Sweezy（1949，第 6 章），Fine 和 Harris（1979，第 4 章）和 Meek（1976）。

Schumpeter（1939）有力地说明了资本主义条件下技术创新产生超额利润的机制。

Roemer（1977）和 Parijs（1980）发展了 Okishio 关于除非实际工资上涨否则利润率不会下降的观点，同时也为这种研究提供了丰富的参考资料。Bowles（1981）也对 Okishio 的理论进行了解释。

Yaffe（1973）捍卫了马克思的分析。

Rosdolsky（1977，第 26 章）对于利润率下降趋势与马克思著作中其他重要观点之间的关系给予了细致和富有思想性的分析。

Dumenil、Glick 和 RangeL（1984a，1984b）对利润率的实证材料进行了一个全面的概括，同时也给出了关于利润率研究的参考文献。Weisskopf（1979，1981）和 Munley（1981）对利润率的变动趋势给出了自己的估计。

9. 资本主义经济危机理论

Moore（1983）和 Zarnowitz（1985）对有关商业周期的实证材料进行了很好地总结。后者还给出了一个有关该领域研究的非常完整的参考书目。

马克思自己已完成的关于经济危机论述的篇章是《资本论》(3.15.3) 和《剩余价值理论》(1963，第 2 册，第 17 章)。

Sweezy（1949）和 Shaikh（1978）对如何理解马克思关于经济危机

观点涉及的主要问题进行了有益的总结。

Foley（1986a）对马克思关于萨伊定律的批判给出了更为全面的讨论。

如果还想对这一问题做更深入的研究，可供参考的文献有 Dobb（1940）、Robinson（1960）、Harris（1978）和 Aglietta（1979）。

10. 社会主义

马克思关于社会主义观念最具启发性的说明来自他较早和较晚的两部与经济问题有关的著作，《共产党宣言》（马克思和恩格斯，1848）和《哥达纲领批判》（马克思，1875）。《资本论》（3.48–52）总结了他对资本主义的看法和他自己所做的批判性工作。

列宁的《国家与革命》（Lenin，1917）是对马克思关于建立社会主义社会观点的非常有影响的发展。

卢卡奇的《历史与阶级意识》（Lukacs，1922）有力地发展了马克思关于资本主义社会商品拜物教和工人阶级意识这二者的发展会引发社会主义革命的观点。

参考文献

Aglietta, M. , *A theory of capitalist regulation*, London: New Left Books, 1979.

Althusser, L. and E. Balibar, *Reading "Capital."* London: New LeftBooks, 1970.

Avineri, S. , *The social and political thought of Karl Marx*, Cambridge: Cambridge University Press, 1968.

Baumol, W. J. , "The transformation of values: what Marx 'really' meant (an interpretation)", *Journal of Economic Literature* 12, pp. 51 – 62, 1974.

Bortkiewicz, L. von. , "On the correction of Marx's fundamental theoretical construction in the third volume of *Capital*", In *Karl Marx and the close of his system*, ed. P. Sweezy, New York: Augustus M. Kelley, 1949.

Bowles, S. "Technical change and the profit rate: a simple proof of the Okishio theorem", *Cambridge Journal of Economics* 5, pp. 183 – 186, 1981.

Braverman, H. , *Labor and monopoly capital.* New York: Monthly Review Press, 1974.

Brunhoff, S. de. , *Marx On money*, New York: Urizen, 1967.

Bukharin, N. , *Imperialism and the accumulation of capital*, New York: Monthly Review Press, 1972.

Dobb, M. , "Economic crises", In *Political economy and capitalism*, ed. M. Dobb. London: Routledge and Kegan Paul, 1940.

Dumenil, G. , *De la valeur aux prix de production*, Paris: Economica, 1980.

Dumenil, G. , M. Glick, and J. RangeL. , "The tendency for the rate of profit to fall in the United States", Part1, *Contemporary Marxism* 9, pp. 148 – 164, 1984a.

— "La baisse de la rentabililé du capital aux États-Unis: inventaire de recherche et mise en perspective historique", *Observations et Diagnostiques Éonomiques* 6, pp. 69 – 92, 1984b.

Economic report of the President, Washington, D. C. : Government Printing Office, 1984.

Edwards, R., *Contested terrain*, New York: Basic Books, 1979.

Fine, B. and L. Harris, "*Rereading 'Capital.'*", New York: Columbia University Press, 1979.

Foley, D., "The value of money, the value of labor power, and the Marxian transformation problem", *Review of Radical Political Economics* 14 (2), pp. 37 – 47, 1982.

— "On Marx's theory of money", *Social Concept* 1 (1), pp. 5 – 19, 1983a.

— "Money and effective demand in Marx's scheme of expanded reproduction", In *Marxism, central planning, and the Soviet economy: essays in honor of Alexander Erlich*, ed. P. Desai. Cambridge: MIT Press, 1983b.

— "Say's law in Marx and Keynes", *Cahiers Economic Politique*, pp. 10 – 11: pp. 183 – 194, 1986a.

—*Money, accumulation and crisis*, New York: Harwood Academic, 1986b.

Godetier, M., *Rationality and irrationality in economics*, New York: Monthly Review Press, 1975.

Harris, D. T., "On Marx's scheme of reproduction and accumulation", *Journal of Political Economy* 80: pp. 505 – 522 (Also in Howard and King, 1976.), 1972.

—*Capital accumulation and Income distribution*, Stanford: Stanford University Press, 1978.

Hartman, H. and A. Markusen., "Contemporary Marxist theory and practice: a feminist critique", *Review of Radical Political Economy* 12 (2), pp. 87 – 93, 1980.

Hegel, G. W. F. 1830. *Hegel's logic: being part one of the "Encyclopedia of the Philosophical Sciences,"* tr. W. Wallace. Oxford: Clarendon, 1975.

Howard, M. C. and J. E. King, eds., *The economics of Marx*, Harmoodsworth: Penguin, 1976.

Kalecki, M., Political aspects of full employment. In M. Kalecki, 1971, pp. 138 – 145, 1943.

—*Selected essays on the dynamics of the capitalist economy*. Cambridge: Cambridge University Press, 1971.

Keynes, J. M., *The general theory of employment, interest, and money*, London: Macmillan, 1936.

Lenin, V. I., "State and revolution", In *Collected Works*, Moscow: Foreign Languages Publishing House, 1917.

Levine, D. "The theory of the growth of the capitalist economy", *Economic Development and Cultural Change* 23, pp. 47 – 74, 1975.

Lichtheim, G., *Marxism*, New York: Praeger, 1964.

Lipietz, A., "The 'so-called transformation problem' revisited", *Journal of Economic Theory* 26, pp. 59 – 88, 1982.

Lukacs, G., 1922, *History and class consciousness*, Reprint, tr. R. Livingstone, Cambridge: MIT Press, 1971.

Luxemburg, R., 1913, *The accumulation capital*, Reprint. New York: Monthly Review Press, 1951.

Mandel, E., *Marxist economic theory*, New York: Monthly Review Press, 1968.

Marglin, S., "What do bosses do? The origins and functions of hierarchy in capitalist production", Parl 1, *Review of Radical Political Economics* 6, pp. 60 – 112, 1974.

— "What do bosses do? The origins and functions of hierarchy in capitalist production", Part 2, *Review of Radical Political Economics* 7, pp. 20 – 37, 1975.

Marx, K., 1859, *A contribution to the critique of political economy*, ed. M. Dobb. Reprint. New York: International Publishers, 1970.

—1867, *Capital: a critique of political economy*, Vol. 1, the process of production of capital, ed. F. Engels, Reprint, New York: International Publishers, 1967.

—1875, Critique of the Gotha programme. In K. Marx and F. Engels, *Select-*

ed Works, New York: International Publishers, 1968.

—1893, *Capital: a critique of political economy*, Vol. 2, *The process of circulation of capital*, ed. F. Engels, Reprint, New York: International Publishers, 1967.

—1894, *Capital: a critique of political economy*, Vol. 3, *The process of capitalist production as a whole*, ed. F. Engels, Reprint New York: International Publishers, 1967.

—1939, *Grundriase: foundations of the critique of political economy (rough draft)*, tr. M. Nicolaus, Harmondsworth: Penguin.

—1963, *Theories of surplus-value*, ed. S. Ryazanskaya, tr. Emile Burns, Moscow: Progress Publishers.

Marx, K. and F. Engels, 1848, "The manifesto of the Communist Party", In K. Marx and F. Engels, *Selected Works*, New York: International Publishers, 1968.

Medio, A., 1972, "Profits and surplus-value: appearance and reality in capitalist production", In *A critique of economic theory*, ed. E. K. Hunt and J. G. Schwartz., Harmondsworth: Penguin.

Meek, R. L., "The falling rate of profit", In *The economics of Marx*, ed. M. C. Howard and J. E. King., Harmondsworth: Penguin, pp. 203 – 218, 1976.

—*Studies in the labor theory of value*, New York: Monthly Review Press, 1956.

Moore, G., *Business cycles, inflation and forecasting*, Cambridge: Ballinger (NBER), 1983.

Morishima, M., *Marx's economics: a dual theory of value and growth*, New York: Cambridge University Press, 1973.

Munley, F., "Wages, salaries and the profit share: a reassessment of the evidence", *Cambridge Journal of Economics* 5, pp. 159 – 173, 1981.

Okishio, N., "Technical change and the rate of profit", *Kobe University Economic Review* 7, pp. 86 – 99, 1961.

Parijs, P. van., "The falling-rate-of-profit theory of crisis: a rational reconstruction by way of obituary", *Review of Radical Political Economics* 12

(1), pp. 1 – 16, 1980.

Ricardo, D., 1817, *The principle of political economy and taxation*, Reprint, New York: E. P. DuRon, 1973.

Robinson, J., *An essay on Marxian economics*, London: Macmillan, 1960.

Roemer, I., "Technical change and the 'tendency of the rate of profit to fall'", *Journal of Economic Theory* 16, pp. 403 – 424, 1977.

Rosdolsky, R., *The making of Marx's "Capital."*, London: Pluto Press, 1977.

Rubin, I. I., *Essays on Marx's economic theory*, Detroit: Black&Red, 1972.

Samuelson, P., "Understanding the Marxian notion of exploitation: a summary of the so—called transformation problem between Marxian values and competitive prices", *Journal of Economic Literature* 9, pp. 399 – 431, 1971.

Schumpeter, I. A., *Business cycles: a theoretical, historical and statistical analysis of the capitalist process*, New York and London: McGraw-Hill, 1939.

Sen, G., "The sexual division of labor and the working class family", *Review of Radical Political Economics* 12 (2), pp. 76 – 86, 1980.

Seton, F., "The transformation problem", *Review of Economic Studies* 24, pp. 149 – 160, 1957.

Shaikh, A., "Marx's theory of value and the transformation problem", In *The subtle anatomy of capitalism*, ed. J. Schwartz, Santa Monica: Goodyear, 1977.

—— "An introduction to the history of crisis theories", In *U. S. capitalism in crisis*. New York: Union of Radical Political Economics, pp. 219 – 240, 1978.

Smith, A., 1776, *The wealth of nations*, ed. E. Cannan, Reprint, New York: Random House Modern Library, 1937.

Sraffa, P., *The production of commodities by means of commodities*. Cambridge: Cambridge University Press, 1960.

Steedman, I., *Marx after Sraffa*. London: New Left Books, 1977.

Steindl, J. *Maturity and stagnation in American capitalism*, New York: Monthly Review Press, 1952.

Sweezy, P., *The theory of capitalist development*, New York: Monthly Review Press, 1949.

U. S. Bureau of the Census, *Annual survey of manufactures*, Washington, D. C.: Government Printing Office, 1974.

Uno, K., *Principles of political economy*, Sussex: Harvester, 1980.

Weisskopf, T., "Marxian crisis theory and the rate of Profit in the postwar U. S. economy", *Cambridge Journal of Economics* 3, pp. 341 – 378, 1979.

—— "Rejoinder". *Cambridge Journal of Economics* 5, pp. 175 – 182, 1981.

Wolff, E., *Growth, accumulation, and unproductive activity: an analysis of the post-war U. S. economy*, New York: Cambridge University Press, 1986.

Yaffe, D. S., "The Marxian theory of crisis, capital, and the state", *Economy and Society* 2 (2), pp. 186 – 232, 1973.

Zarnowitz, V., "Recent work on business cycles in historical perspective", *Journal of Economic Literature* 23, pp. 532 – 580, 1985.